Basics of Marketing

これだけは知っておきたい

「マーケティング」の基本と常識

改訂版

市場のつかみ方から、価格・広告戦略、
ネット・マーケティングまで
簡単にわかります!

◉そもそも、なぜ「マーケティング」が必要なのか?
◉「消費者」のことを知ろう!
◉「価格」は、どうやって決めるのか?
◉自社に合った戦略を立てよう!

ジャパン・マーケティング研究会
大山秀一【著】

フォレスト出版

時代は変わってもマーケティングの基本は変わらない

——まえがきに代えて

同じような商品をつくっているのに、A社の商品はよく売れ、B社の商品はさっぱり、ということがよくあります。広告戦略、商品を置く場所、価格……そういった一つひとつの戦略の積み重ねが、こういう〝差〟を生むわけです。

この戦略の総称が、「マーケティング」です。

いわば、**「売るためのしくみづくり」**といえます。

ビジネス活動の基本は、売りたい商品をより多く売って、利益を増やすためにはどうするか——という点にあります。マーケティングとは、そのためのいろいろな考え方のことなのです。

つまり**マーケティングを知るということは、「売れるシステム」をつくるための〝理論的裏づけ〟を知ること**でもあるのです。

価格戦略や広告戦略をどう組み立てるかによって、商品の売行きは大きく変化します。この「マーケティング戦略」は、売上げを大きく左右します。効果的なマーケティング戦略のないところに、売れる商品もありません。

一方で、**「『思い』はマーケティングを超える」**と言った、あるプロデューサーがいます。

「自分の感動した商品が売れないわけがない」と言った経営者もいます。

両方とも、言わんとするところは同じでしょう。

「この商品を売ってみせる。売れるんだ」という気持ちは、マーケティング戦略を超えることがあります。モノをつくる人間にとっては、この気持ちはたしかに大事です。

しかし、じゃあマーケティング戦略は必要ないのか、というとそんなことはありません。これだけ市場が飽和状態になると、「つくった商品をどう売るか」といったマーケティング戦略は不可欠になります。

本書では、そういう「理論では表現しづらいこと」にも触れたつもりです。

マーケティング戦略のいかんで、企業やお店の業績は大きく変わります。小さなお店が、戦略しだいで〝行列のできる繁盛店〟になることもあります。

「たかがマーケティング、されどマーケティング」なのです。

本書は、２００３年に発売された『「マーケティング」の基本と常識』を、大きく加筆修正したものです。

ここ何年かで、マーケティングの考え方もかなり変わりました。本書が最初に刊行された当時と今では、インターネットの果たす役割は何倍、何十倍にもなっています。

身近なところで、例をあげてみましょう。

メルマガ（メール・マガジン）は、すっかり普及しましたし、フェイスブックなどに代表されるSNS（ソーシャル・ネットワーキング・サービス）で、商品などに関する様々な情報を流すことも、当たり前のように行なわれています。そしてスマートフォン（スマホ）が普及した現在、それらの情報は、一般消費者でも比較的、簡単に見ることができるのです。

しかし、**時代は変わってもベーシックなところは変わりません**。改訂版の本書でも、マーケティングに関する基本的な疑問、素朴な疑問を、できるだけやさしく説明しました。

プロローグでは、企業にとってなぜマーケティングが必要なのかを、簡単に説明します。マーケティングを知ることが、ビジネスマンにとっていかに大切かがわかります。

PART1では、要するにマーケティングとは何か――という基本を押さえます。

PART2では、顧客、消費者というものをどうとらえるかを見てみます。

PART3では、マーケット（市場＝しじょう）をどうとらえ、マーケティング戦略をどういうふうに組み立てていけばいいかを説明します。

ＰＡＲＴ４は、製品戦略です。新商品開発の基本的な考え方や、パッケージング（包装など）やラベリング（レーベル戦略）について見てみます。

ＰＡＲＴ５は、商品を効果的により多く売るための価格戦略、流通戦略についてです。

そしてＰＡＲＴ６では、いわゆる販促活動――プロモーションについて見ていきます。ＩＴとインターネットの普及によって、ここ数年で大きく変わったのが、この販促活動でしょう。たとえば今でも新聞や雑誌の広告は、効果があります。しかし、インターネットを使った販促も無視できません。いえ、インターネットだとむしろアッと言う間に商品名などが広がり、劇的な効果を生むことさえあります。

そこで最後のエピローグでは、インターネットを駆使したマーケティングについて、基本的な考えとしくみを、簡単にご紹介します。

＊

本書を読んでいただくとわかりますが、**マーケティング戦略とはある意味で当たり前のことばかり**です。決してむずかしい学問的理論ではありません。インターネットによってマーケティングが大きく変化したのも、消費者が気軽にインターネットを利用するようになったからでもあるわけです。

もちろん〝高度〟なマーケティング理論もありますが、本書ではあくまで「知っておきたい基本」に的を絞っています。基本を知ることは、とても大事です。

「そうか、こうやって売ればいいんだ!」

そういう気づきを、この本から得ていただければ、嬉しく思います。

またビジネスの現場では様々な「マーケティング用語」に出会います。セールス・プロモーション、シェア、市場細分化、流通チャネル……等々。そういう言葉を知っているのといないのとでは、仕事の〝理解度〟も違ってきます。

本書を読んでマーケティングの基本を身につければ、ビジネスの現場や身の回りで遭遇する様々なケースについて、「なるほど、ここはこういうふうに売っていけばいいのか」「この会社はこういう意図でこの広告を打っているんだな」……といったことがわかるでしょう。

そのことが、読者の皆さんの仕事の幅を広げることになると、私は思っています。皆さんの健闘を祈ります。

2016年4月

ジャパン・マーケティング研究会代表　大山秀一

目次

これだけは知っておきたい！「マーケティング」の基本と常識【改訂版】●

時代は変わっても
マーケティングの基本は変わらない――まえがきに代えて……3

プロローグ

なぜマーケティングが必要なのか？
売り方を変えるだけで結果がガラリと違う
――それがマーケティングだ！

1 ところ変われば、売れる品も変わる？……26
⬇どうして「マーケティング」が必要になるのか
●「良いモノなら売れる」のか？
●だから「マーケティング」が必要になる

2 「安ければ売れる」というものでもない……28
⬇大切なことは顧客の「満足」なのです！
●「格安」はいつの時代も魅力だが……
●顧客に「満足」を提供できたところが勝つ

3 機能で売るか、アイデアで売るか……30
顧客は品質と価格だけで選んでいるわけではない
●機能性を前面に打ち出した「ダイソン」
●新しいジャンルを打ち立てた「レイコップ」

4 商売は「押したり、引いたり」がポイント……32
「プッシュ戦略」と「プル戦略」の組み合わせを考えよう
●メーカーから押して購買を喚起する「プッシュ戦略」
●消費者の引きを喚起して売上げにつなげる「プル戦略」

5 自社に合ったマーケティングを選択しよう……34
市場と会社によって、売るための方法は違う
●生産力、製品力、販売力、どれを活かすか？
●「マーケティング志向」でいこう

PART 1
要するに「マーケティング」とは何か？

マーケティングの初歩の初歩と、市場や販促などの考え方の基本の基本を押さえておこう。

1 「売れるしくみをつくる」のがマーケティング……38
マーケティングは、顧客の満足と企業の満足がカギ
●売り手と買い手が満足する「マーケット」を探ろう

●より多く売れるしくみを考え、つくることがマーケティング

② マーケティングには「4つのP」がある……40
⬇製品・価格・流通・販売促進が4大要素
●「マーケティングの4P」とは？
●「ソリューション、価格、流通、コミュニケーション」と覚えておこう

③ 「セリング（販売活動）」とマーケティングの違い……44
⬇要は、顧客に「満足」を買ってもらうことが大切！
●マーケティングは、販売活動と同じではない
●最初から最後まで「売れる」しくみをつくるのがマーケティング

④ まず「市場」を把握することから始めよう……46
⬇消費者アンケートが市場調査ではない
●「市場調査」とはいったい何だろう
●市場を知り、敵を知り、己を知る

⑤ 「ターゲット」を絞り込もう……48
⬇市場のすべてを狙っても、成功するワケがない
●特定の市場に狙いを定める
●「セグメンテーション、ターゲティング、ポジショニング」とは？

⑥ 「マーケティング・ミックス」が基本です！……50
⬇4Pを効果的に組み合わせるのがマーケティングの基本
●製品・価格・場所・販促は別個のものではない

⑦「マーケティング・マネジメント・プロセス」とは？……54
⬇マーケティング戦略を実行に移してコントロールする
●経営戦略からマーケティング戦略が導き出される
●STPとマーケティング・ミックスが「マーケティング戦略」
●「ヨード卵・光」のマーケティング・ミックスを見てみると……

PART 2

顧客のことを、しっかり知ろう！

そもそも「顧客」って、どんなふうに考えて、どんなふうに行動するのか——。
そこから「差別化」が始まる。

①「欲求5段階説」でお客様のニーズがつかめる？……60
⬇人間の欲求にもいろいろある
●マズローの「欲求5段階説」とは？
●顧客は何を求めているかをとらえよう

②「ニーズ」とはいったい何だろう……64
⬇ニーズ・ウォンツ・デマンズとマーケティングの関係
●人間の欲求は3段階に分けられる？
●マーケティングはニーズをつくり出せないが……
●眠っているニーズを覚ますのもマーケティング

3 顧客は「ベネフィット」を買いにくる……68
商品やサービスが「売れる」のではない
●顧客が欲しいのは「ドリルではなく穴」
●ベネフィットに着目すると選択肢が広がる
4 「顧客満足」って要するにどういうこと？……70
顧客は商品やサービスに何を期待しているのだろう
●もしも顧客が不満足を感じたら……
●「顧客価値の３本柱」とは？
●長期的な関係構築を目指す「ＣＲＭ」
5 消費者の購買行動がわかる「ＡＩＤＭＡの法則」……74
注目・興味・欲求・記憶・行動が「アイドマ」
●「買う」までにはどんな段階があるか？
●「ＡＩＤＭＡ」は消費者の購買行動を知る基本
6 結局、消費者はどんな理由で買っているのか？……78
購買行動に影響を与える３＋２の要因
●何が消費者の購買行動に影響しているのか
●数字やデータであらわしにくい要因もある
7 「オピニオン・リーダー」に働きかけよう……80
消費者は自分ひとりで買うものを決めているわけではない
●購買行動は「準拠集団」の影響を受けている

●とくに「オピニオン・リーダー」からは大きな影響がある

8 顧客がわかれば「市場細分化」できる …… 82
「マーケット・セグメンテーション」の考え方
●ターゲットを絞るために市場を細分化する
●「ライフステージ」や「ライフサイクル」でも細分化する

9 「標的市場」を選ぼう …… 86
的を絞ることを「ターゲティング」という
●市場細分化にも4つのレベルがある
●「ターゲティング」には5つのパターンがある

10 市場での〝位置決め〟をして差別化する …… 90
商品やサービスの「ポジショニング」とは?
●消費者の頭の中に一定のポジションを占める
●他との違いを明確にする「差別化戦略」

11 「ブランド」とはいったい何なのだろう …… 92
有名ブランドからノーブランドまで、ブランドもいろいろ
●高級ブランドだけが「ブランド」ではない
●企業から製品まで、ブランドもいろいろある

12 ブランド戦略の基本とは? …… 96
「ブランド・ロイヤルティー」が高まれば会社の財産になる
●商品やサービスにブランドの力を与える「ブランディング」
●ブランドは会社の財産＝「ブランド・エクイティー」

13 「5つの脅威」――市場での競争相手を知ろう……98
「ファイブ・フォース・モデル」の考え方
●5つの競争相手とは？
●5つの競争要因に整理すれば市場と業界構造がわかる

14 ポジションに応じた「競争戦略」の決め方……102
標的市場における競争上のポジションを考えてみる
●市場におけるシェアによって競争上のポジションを選ぶ
●ポジションから標的市場の選択も考えられる

PART 3

「市場」をとらえて戦略を組み立てよう！

「マーケット＝市場」の動向をしっかりと把握することが、「売れる戦略」につながっていく。

1 市場における製品の位置づけを考えよう……108
「プロダクト・ポートフォリオ・マネジメント」の考え方
●製品のバランスを全社的に見てみよう
●製品ごとに特徴をつかもう

2 製品と市場の組み合わせから考えてみよう……112
アンゾフの製品と市場の領域分類とは？
●「アンゾフの4つの戦略」

●製品と市場の組み合わせから考えてみると……

3 「統合」するか、「多角化」するか ……114
⬇「集中的成長」「統合的成長」「多角的成長」とは？
●事業の「統合」でも企業は成長できる
●「多角化」は新しい製品を新しい市場に投入する戦略

4 「外部環境分析」「内部環境分析」とは？ ……116
⬇「SWOT分析」の考え方
●外部の機会・脅威、内部の強み・弱みを分析する
●環境と影響の組み合わせからリストアップする
●マトリクスで導き出される4つの戦略とは？

5 すべての出発点になる「3つの基本戦略」 ……120
⬇戦略を考えるときはまずこれを思い出そう
●『競争の戦略』の著者が提案したこととは？
●迷ったりわからなくなったときにも思い出したい基本戦略

6 大企業にも対抗できる「弱者の戦略」 ……122
⬇小さい会社でもこの戦略なら戦える
●強大な相手と戦う戦略をまとめた「ランチェスターの法則」
●弱者の戦略5つのポイント

7 「マーケティング・リサーチ」のやり方は？ ……124
⬇データを集める方法を知っておこう
●実地調査をするか、公表データで済ませるか

●マーケティング・リサーチの手順と方法は?

8 「マクロ環境」のトレンドを見極めよう …… 128
⬇世の中の大きな流れに逆らって成功はない
●会社がコントロールできない「マクロ環境」
●「トレンドに乗る」ことが成功につながる

PART 4

「製品戦略」のポイントとは何か?

ヒットする商品の条件や、新製品開発のポイントなど、製品戦略の考え方について、基本を押さえておこう。

1 「製品」「製品戦略」とは何だろう …… 132
⬇「5つの製品レベル」を考えてみよう
●「製品」は10種類ある
●顧客が製品を判断する3つの要素とは?
●製品戦略は「5つの製品レベル」で考えよう

2 「製品」はどのように〝分類〟されるのか? …… 136
⬇最寄品・買回品・専門品——に分類される
●最寄りの店で購入される「最寄品」
●ショッピングで買われる「買回品」
●専門店に出向くことも厭わない「専門品」

●物理的特性や使用目的で分類してみると……

3 新製品を開発するための手順を知っておこう……140
新製品開発の7段階とは?
●製品開発は、ひとつずつステップを踏んで行なう
●「事業経済性の分析」「テスト・マーケティング」とは?

4 新製品が普及する様子を見てみよう……142
「イノベーションのベルカーブ」とは?
●新製品は直線的に普及しない
●多くの新製品が「谷」に落ちて売れなくなる

5 「パッケージング」と「ラベリング」の効果……144
製品戦略では外見も大切!
●「パッケージング」は役割を考えて工夫する
●「ラベリング」で店頭プロモーションもできる
●「ロゴ・マーク」にはどんな役割があるのだろう

6 製品の「ライフサイクル」を考えておこう……148
導入期・成長期・成熟期・衰退期の4つを知る
●製品のライフサイクルのカーブをつかむ
●ライフサイクルの時期によってマーケティングも変わる

PART 5

「価格戦略・流通戦略」のポイントとは何か？

消費者心理にアピールする価格戦略、製品が流通するシステムとしくみなど、流通戦略についても覚えておこう。

① そもそも価格はどう決めればいいか？ …… 154
製品の価格を決める3つの方式
●わかりやすいのはコスト重視で決める方式
●競争重視、需要重視で決めることもあるが……

② いろいろな価格設定の方法を知っておこう …… 156
6つの価格設定方法と、5つの価格適合戦略
●「利幅を乗せる」から「オークション」まで、いろいろある
●時や場合に応じて価格を「適合」させる

③ 消費者心理にアピールする価格設定とは？ …… 160
98円など、端数のついた価格が多いワケ
●ギリギリ最低の線まで下げている印象を与える「端数価格」
●値下げをしないでも売れる「名声価格」や「慣習価格」

④ 「価格弾力性」とはどういうものか？ …… 162
値下げの効果には、いろいろなパターンと違いがある
●値上げ・値下げの反応を見るのが「価格弾力性」

●値下げしても売行きが変わらない商品は「価格弾力性」が低い

5 価格管理の方法を知っておこう……164
⬇オープン価格とディスカウント、リベート
●「オープン価格」とはどういうものか？
●ディスカウントやリベートで価格調整をする
●「独禁法」「景表法」について知っておこう

6 価格設定の目的をはっきりさせよう……168
⬇「市場浸透価格設定」か「上澄み吸収価格設定」か
●市場浸透価格設定では市場シェアを狙う
●上澄み吸収価格設定では最初から利益を吸収する

7 「流通チャネル」とはどういうものか？……170
⬇流通戦略の基盤となるのが「流通経路＝チャネル」
●「チャネル」とは流通経路のことである
●流通チャネルはなぜ必要なのだろう

8 どんな流通チャネルをつくればいいのか？……174
⬇3つの流通チャネル戦略を押さえておこう
●チャネルの〝長さ〟と〝幅〟を考える
●「サプライ・チェーン・マネジメント」とはどういうものか？

PART 6

「コミュニケーション戦略」のポイントとは？

プロモーション戦略（販促戦略）は、今や「コミュニケーション戦略」。
ここ数年で大きく変わった販促戦略しだいで、売れ方が大きく異なる。

① 「コミュニケーション」には6つの活動がある …… 180
⬇ 広告、販売促進、イベントと経験、PR、ダイレクト・マーケティング、人的販売
●コミュニケーション戦略の基本は「コミュニケーション・ミックス」
●「何を」「どのように」「誰から」伝えるか

② 「コミュニケーション・チャネル」を選ぼう …… 184
⬇ メッセージにもいろいろな流通経路がある
●人的チャネルと非人的チャネル
●非人的チャネルから人的チャネルにつながることもある

③ 効果的な広告戦略は、こうして考える …… 186
⬇ 売上げに結びつく「メディア・ミックス」のポイント
●広告戦略を考える手順は？
●メディア・ミックスで媒体の特徴を活かす

④ 販売促進にはどんな方法があるのか？ …… 190
⬇ SP広告とセールス・プロモーション活動
●ダイレクトメールや折り込みチラシは「SP広告」

エピローグ

マーケティングは「デジタル」の時代へ！

ITとインターネットを駆使するマーケティングを知っておくことで、これからのマーケティング戦略も見えてくる！

●「スマートフォン・マーケティング」が確立しつつある
●「ソーシャルメディア・マーケティング」とは？
●自社に合った活用法を考えよう

5 ネット通販から生まれた「ロングテール」とは？……218
⬇ ITを駆使した在庫管理が可能にした新しいビジネスモデル
●従来の販売業では20％の品目が80％の売上げをあげる
●ネット通販では〝長いしっぽ〟が大きな売上げをあげる

6 無料の価格戦略「フリーミアム」のビジネスモデル……220
⬇「フリー」でユーザーを増やし「プレミアム」で収益をあげる
●プレーは無料、アイテムは割増料金
●まず、無料で顧客を増やす

7 注目が集まる「ビッグデータ」とはどんなデータ？……222
⬇〝つぶやき〟からPOSまで種類は多種多様！
●大きくて、種類が多く、日々記録される
●ビッグデータをマーケティングに活かす

8 多様化する消費者に届ける「コンテンツ・マーケティング」……224
⬇ 近年求められているのは、小手先の手法より本当に価値あるコンテンツ
●顧客にとって価値あるコンテンツを提供し続ける
●検索エンジンは改良を重ねている

編集協力——片山一行（ケイ・ワークス）
図・イラスト&DTP——ベクトル印刷㈱
校正——鷗来堂

プロローグ

なぜマーケティングが必要なのか？

売り方を変えるだけで
結果がガラリと違う
——それがマーケティングだ！

1 ところ変われば、売れる品も変わる？

どうして「マーケティング」が必要になるのか

◉——「良いモノなら売れる」のか？

モノを売るというのは、むずかしいことです。昔の職人さんのように「いいモン作りゃ売れるんだよ！」と言っていられたら、どんなに気が楽なことでしょう。

販売に携わる人はよくご存じでしょうが、**現代では、売れる商品というものは時と場所によって変わります**。たとえば、日本のファッション業界で売上げ規模1位の「ユニクロ」は、駅ナカやデパートなど人通りの多い場所に出店しているのに対し、2位「ファッションセンターしまむら」の店舗立地は、地方の住宅地や郊外のロードサイドが中心です。

◉——だから「マーケティング」が必要になる

これは、店舗の場所によって顧客の性格が異なり、求めるものも違うからです。ユニクロが洗練されたブランドイメージで、少品種多量販売に適した立地に出店しているのに対し、しまむらは多品種少量販売の何でもそろう店として、主婦が自転車で行けるような店舗を展開してきました。業界3位の「洋服の青山」であれば、さらに別の立地を狙うことでしょう。

このように、場所が変わり顧客が変わるだけで、売れるものが違ってきます。当然、売り方も変えなくてはなりません。そこに、「マーケティング」の必要性があります。

場所が変われば、売れる商品も変わる

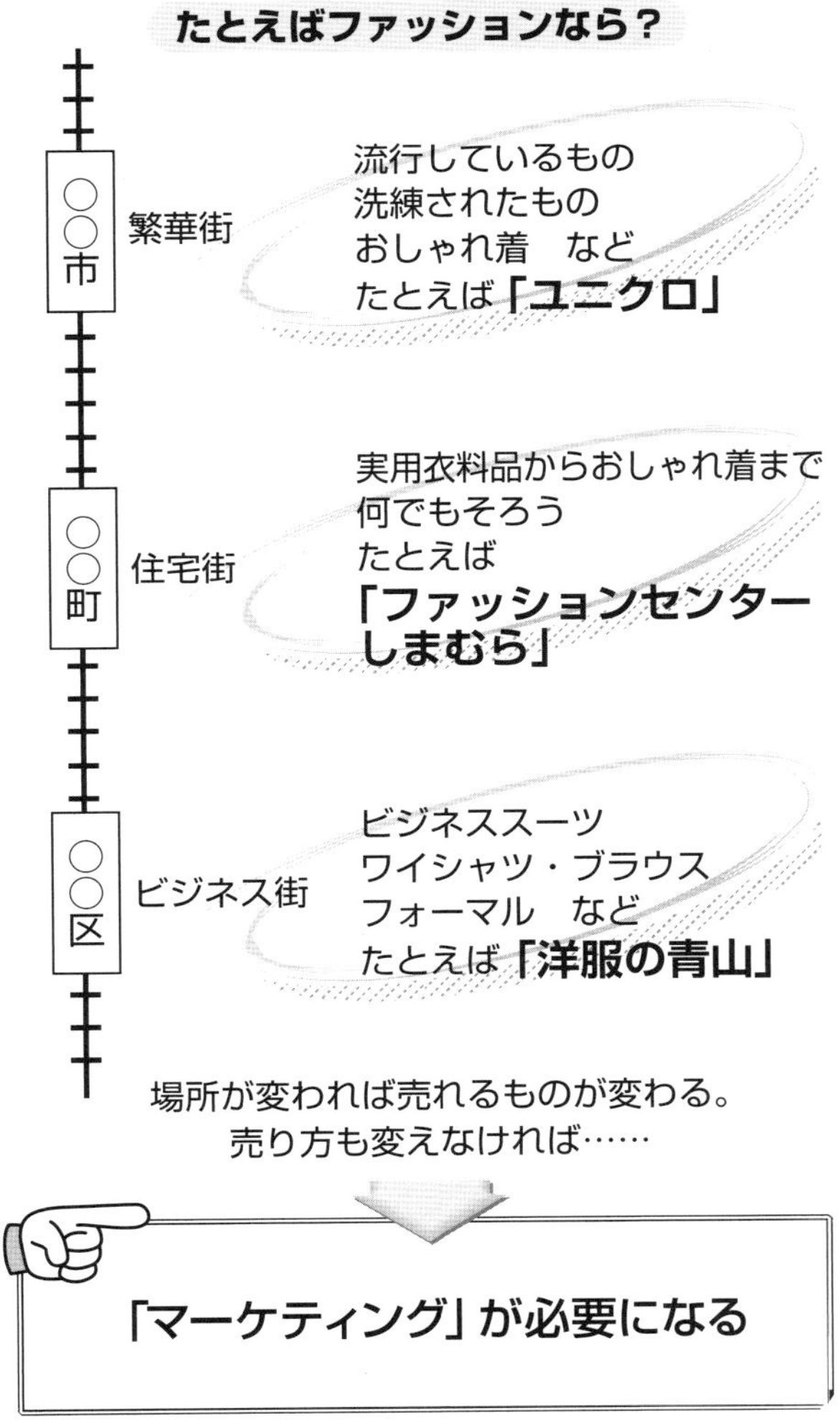

2 「安ければ売れる」というものでもない

大切なことは顧客の「満足」なのです！

●――「格安」はいつの時代も魅力だが……

いつの時代も、安いのは魅力的です。現代の最先端を行く商品――スマホでも「格安スマホ」が話題になって、「イオン」や「ＤＭＭ」のような他業種からの参入が相次いでいます。

何と言っても、月々の費用が大手スマホの半額から3分の1になる点が魅力でしょう。

●――顧客に「満足」を提供できたところが勝つ

では、「格安」が日本のスマホを席巻したかというと、あいかわらず市場では大手3社の「ｉＰｈｏｎｅ」がトップを独走しています（２０１5年現在）。ｉＰｈｏｎｅの機能性、技術、デザインなどが、「格安」の魅力を超えているということでしょう。

結局のところ、**顧客が求めているものは「満足」**なのです。値段に見合った商品であれば、「格安」でなくとも、逆に割高でも満足して買ってもらうことができます。

マーケティングの視点から見ると、そういったビジネスの基本も見えてきます。

「格安」か、機能・技術・デザインか

格安スマホ
月々の費用が半額から３分の１
料金プランがシンプル
これまでの電話番号も引き継げる
使いやすい機能性
斬新な技術
美しいデザイン
iPhone
割高でも iPhone が
日本市場のシェアトップ！

値段に見合った商品なら、割高でも
「満足」して買ってもらえる

3 機能で売るか、アイデアで売るか

顧客は品質と価格だけで選んでいるわけではない

◉──機能性を前面に打ち出した「ダイソン」

高い機能性などを武器に、決して安くはない商品で成功する例は少なくありません。たとえば掃除機。「ダイソン」は世界初のサイクロン式掃除機で「吸引力が変わらない」「部屋の空気よりもきれいな空気を排出」など特徴的な機能を前面に打ち出して大成功しました。

◉──新しいジャンルを打ち立てた「レイコップ」

かと思えば「レイコップ」は、掃除機にUVランプをつけて除菌するというアイデアで「ふとんクリーナー」という新しい掃除機のジャンルを打ち立てています。現在では、ダイソンもふとんクリーナーを開発・販売しているくらいです。

このように、掃除機ひとつとってみても、顧客は品質と価格だけで選んでいるわけではないことがわかります。**特徴的な機能やアイデアなど、品質や価格以外の要素によって人気が決まる場合**もあるということです。これも、マーケティングから導き出される重要な教訓です。

機能性の勝利、アイデアの勝利

「吸引力の変わらない
ただひとつの掃除機です」

「部屋の空気よりも
きれいな空気を排出します」

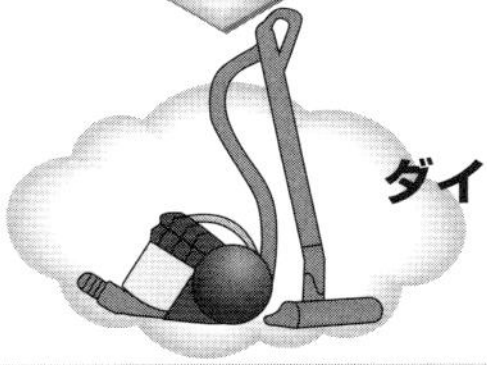

ダイソン

特徴的な機能で大ヒット

「健康のために医師が
開発した、ふとんクリーナー」

「UV ランプなら、99.9%
ふとんを除菌」

レイコップ

**ふとんを干せない高層マンション世帯や、
重くて運べない高齢者世帯にも大人気！**

4 商売は「押したり、引いたり」がポイント

「プッシュ戦略」と「プル戦略」の組み合わせを考えよう

◉――メーカーから押して購買を喚起する「プッシュ戦略」

プロモーション（⇩P40）の代表的な戦略に、「プッシュ戦略」と「プル戦略」という両極端のものがあります。

「プッシュ戦略」は、いわばメーカーから順に「押し」ていく方法で、メーカーは卸売に各種の援助・指導・説明を行ない、卸売は小売に同様のプッシュをします。そして、小売は消費者に対して商品をおすすめするという、「人的販売」を中心に据えた戦略です。

◉――消費者の引きを喚起して売上げにつなげる「プル戦略」

これに対して「プル戦略」では、広告活動を中心に直接、消費者に訴えかけます。購買心理を喚起された消費者は、小売に注文を出し、小売は卸売に、卸売はメーカーに注文を取り次いで、いわば消費者からの「引き」で商品が売れていきます。

プッシュ戦略を得意とし、その比重が高いメーカーとしてはパナソニック。一方、プル戦略

に比重を置いたメーカーとしてはソニーの名前があげられます。

このように、たとえ家電という同じ分野でも、売り方は1つではありません。マーケティングを考えるときは、自社に合った様々な選択肢を検討することが大切です。

「プッシュ戦略」と「プル戦略」

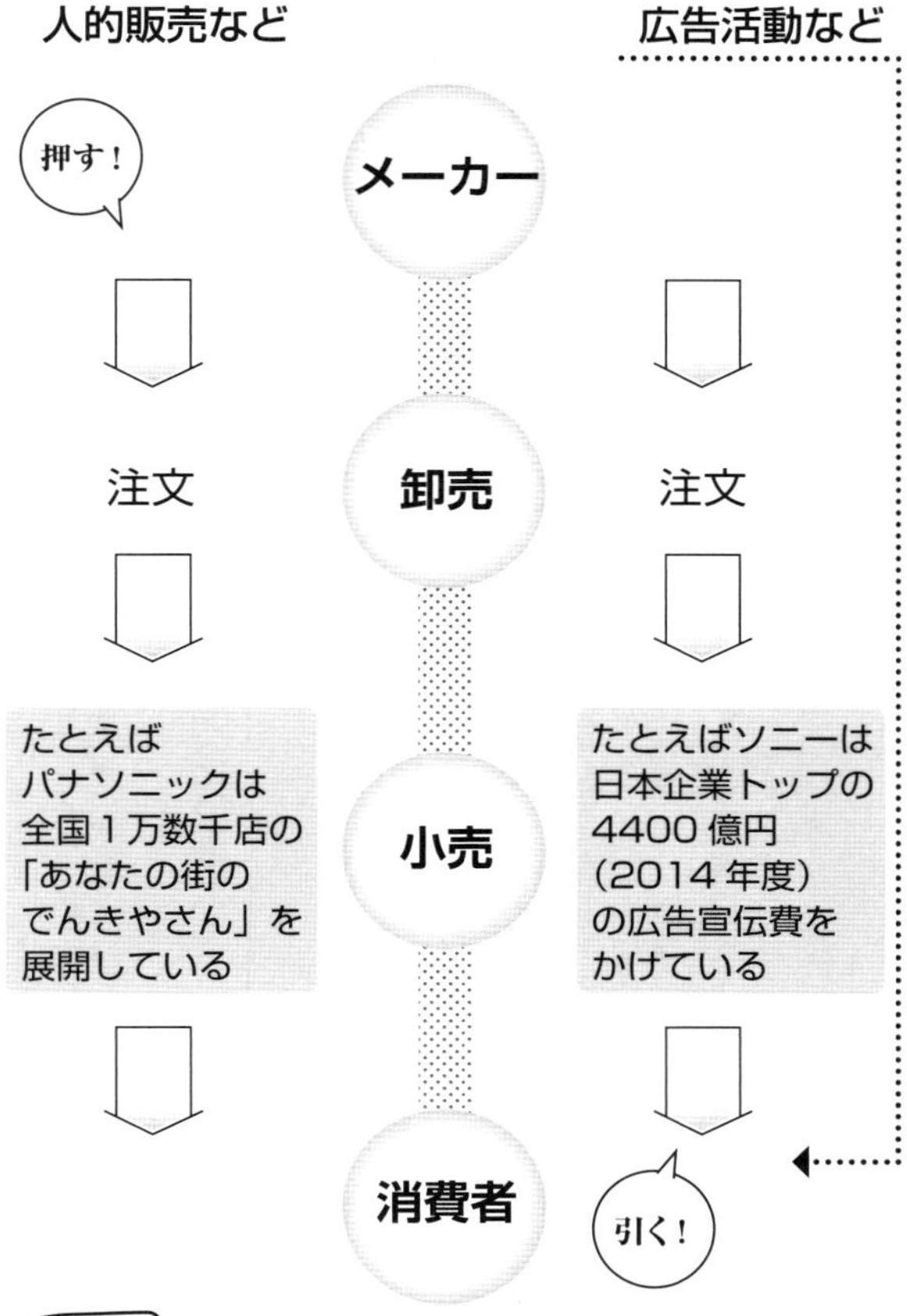

同じ商品でも
売り方は1つではない

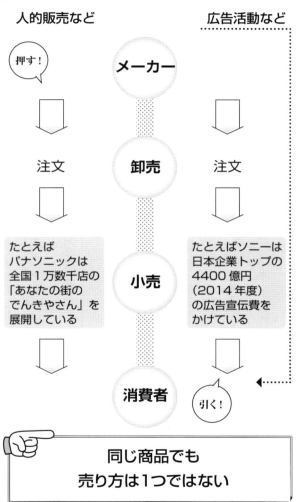

5 自社に合ったマーケティングを選択しよう

市場と会社によって、売るための方法は違う

◉——生産力、製品力、販売力、どれを活かすか?

商品を開発して売ろうとしたときには、いろいろな重点の置き方があります。たとえば生産を重視する人なら「大量生産で低コスト、低価格」と言うかもしれません。あるいは製品開発の立場からは「ウチの製品は優秀だから品質と性能で勝負」と言いたいところでしょう。

自社の営業に自信を持っているなら「ウチの販売力にかけて」と断言したいところです。

いずれも間違いではないし、企業としてどの選択肢をとるかは、自由です。

◉——「マーケティング志向」でいこう

しかし、そこにマーケティングを考える人がいたら「顧客の求めているものを。つくった製品を顧客に売るのでなく、顧客の求めている製品をつくって売ろう」と言うに違いありません。

これは、いわば第4の選択肢で、「マーケティング志向」といえるものです。

自社に合ったマーケティングは何か？

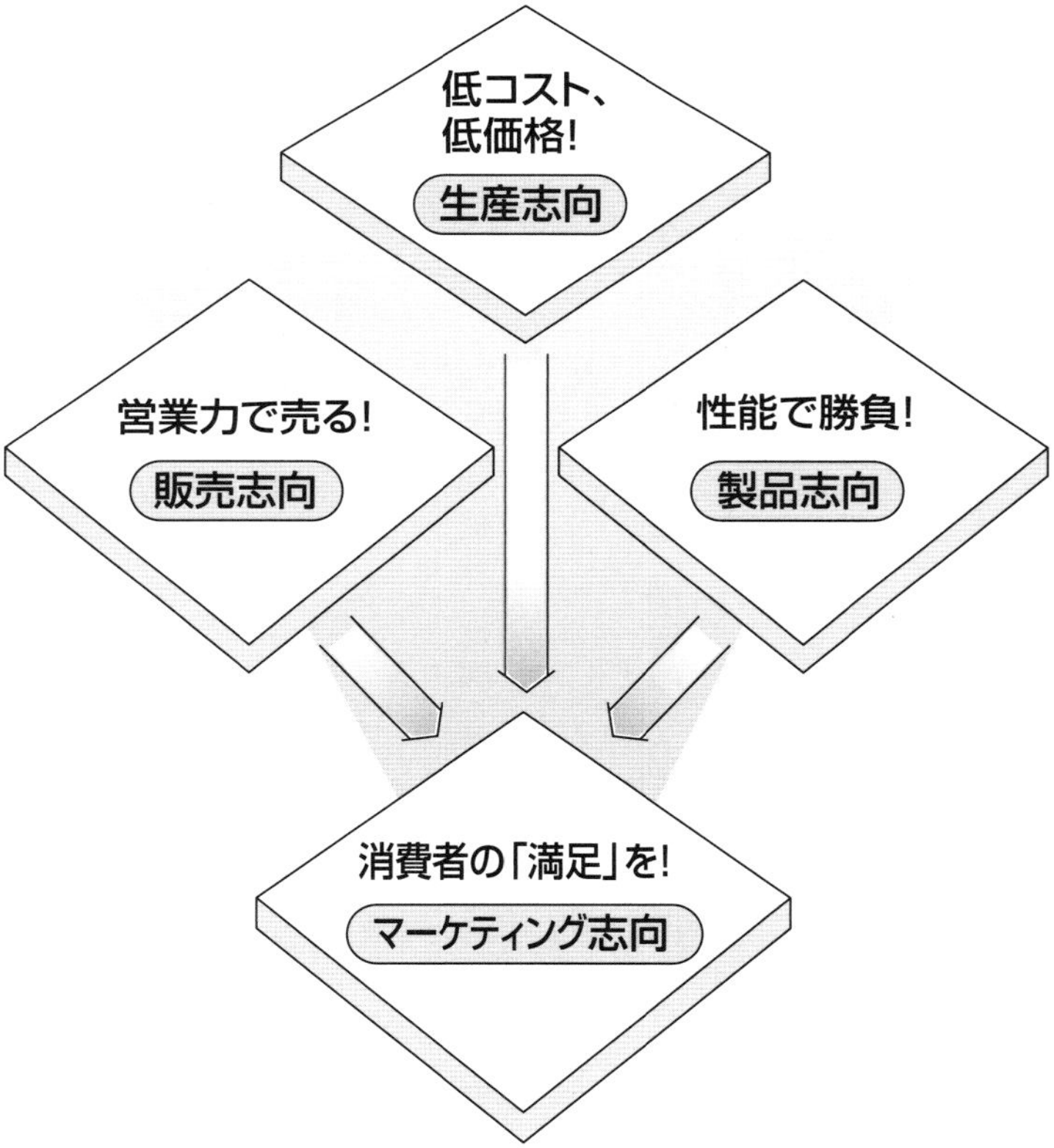

**中心に消費者を置くマーケティング志向で、
自社に合ったマーケティングを！**

量産による低コスト・低価格を重視する生産志向は、開発途上国などの市場に向いている発想です。現在の日本のような市場では、あまり力を発揮しません。また、製品志向は、良い製品を作りさえすればヒット商品になるという、独善に陥りやすい傾向があります。適切な価格や流通、販売促進などがなければ、良い製品であっても成功するとは限りません。

一方販売志向は、現在でもある程度有効な方法です。しかし、販売に頼る商法には大きなリスクが伴うことを忘れてはなりません。巧みな販売手法で買わされた顧客が、商品に満足するとは限らないからです。

現在では、SNSなどで、消費者が気軽に情報を発信できます。顧客の満足・不満足の評価はアッという間に拡散します。

これに対して**マーケティング志向では、顧客の求めているものから自社の生産力・製品力・販売力の組み合わせを考えます**。言うなれば、商品開発の中心に顧客を置くわけで、最も今日の市場に合った発想なのです。

マーケットは、時代とともに変化しています。会社がそれに合った商品を開発し、売っていくには、マーケティング志向が不可欠です。

PART 1

要するに「マーケティング」とは何か？

マーケティングの初歩の初歩と、
市場や販促などの考え方の
基本の基本を押さえておこう。

1 「売れるしくみをつくる」のがマーケティング

マーケティングは、顧客の満足と企業の満足がカギ

◉——売り手と買い手が満足する「マーケット」を探ろう

会社には、いろいろな働きがあります。製造は製品を作り、営業がそれを売り、広告宣伝や、様々な管理部門がそれらの働きをバックアップしています。では、マーケティングはどんな働きをするのでしょうか。

マーケティングの言葉のもとになっている「マーケット」は、**もともとは「いちば」のこと**です。市場（いちば）とは、売り手と買い手が、お互いに納得し、満足してモノを交換・売買する場所。つまり、顧客と企業がともに満足することを考え、実行するのが「マーケティング」なのです。

◉——より多く売れるしくみを考え、つくることがマーケティング

ところで、会社は利益を追求する集団ですから、会社にとっての満足とはより多くの利益が出る＝よりたくさん売れる、ということに他なりません。

ですから、売り手である会社の立場で考えると、マーケティングとはよりたくさん「売れる」商品やサービスをつくり出すこと。言い換えれば、買い手を満足させながら、より多く売れるためのしくみを考え、つくることがマーケティングなのです。

「マーケティング」とは？

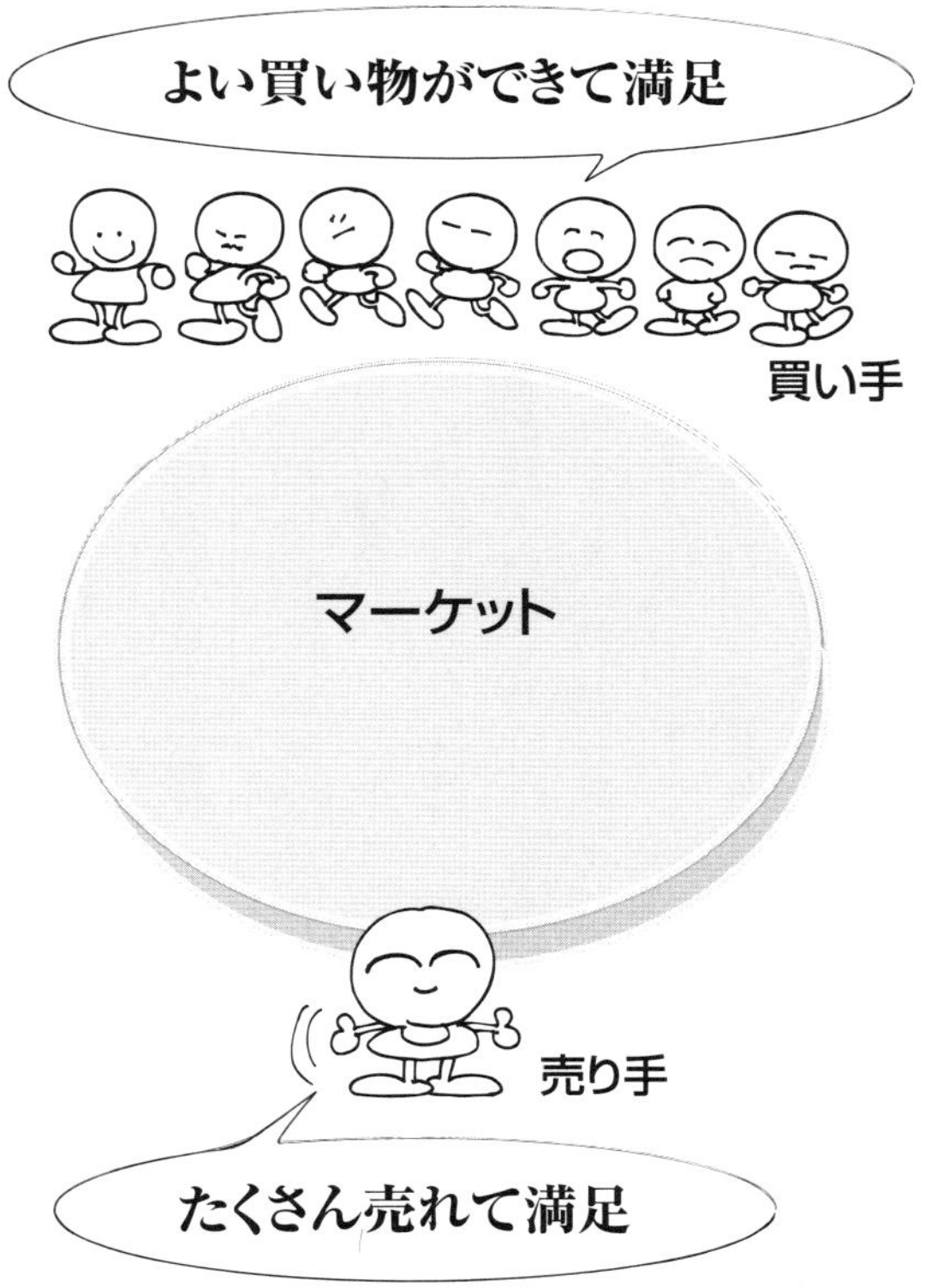

こうなるための方法（しくみ）を考え、つくるのが「マーケティング」

2 マーケティングには「4つのP」がある

製品・価格・流通・販売促進が4大要素

◉──「マーケティングの4P」とは？

「売れる」モノを作るには、具体的にどんな分野で、何を行なえばよいでしょうか。

マーケティングの働きを端的にあらわすものに、有名な「4つのP」というものがあります。

これは、左の図のように、Product（製品）、Price（価格）、Place（場所）、Promotion（販売促進）の4つの頭文字Pをとったもので「マーケティングの4P」と呼ばれています。

これが、マーケティングを構成する4つの要素です。

要するに簡単に言えば、**すぐれた「製品」に、適正な「価格」を付け、適切な「場所」で提供するとともに、効果的な「販売促進」（プロモーション）を行なうこと**――それが会社のマーケティング活動だということなのです。

そして、図の中心には「顧客」とあることにも注意してください。マーケティングの4Pの中心には、いつでもお客様がいます。

これが「マーケティングの4P」

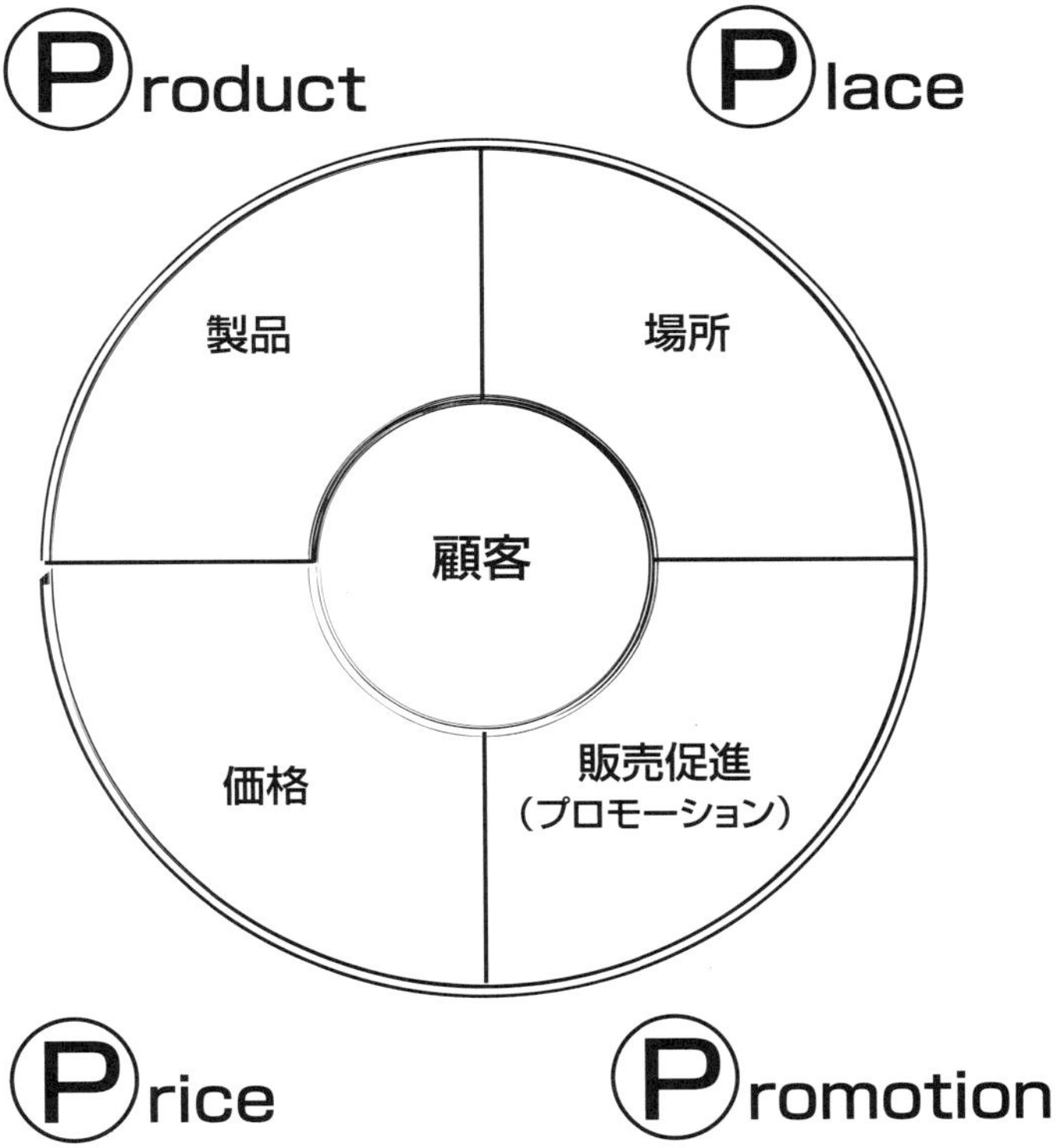

これがマーケティングの4つの要素

◉——「ソリューション、価格、流通、コミュニケーション」と覚えておこう

実は4Pは、アメリカのマーケティング学者E・J・マッカーシーが1960年代に提唱したものです。現在では、同じくアメリカの経済学者R・F・ラウターボーンがより顧客の立場に立った「4C」も提唱しています。こちらも合わせて見たほうが、いいでしょう。

まず、**プロダクトのP**は、主に製造する製品の基本性能やデザインなどのことをいいます。ただ、今日では流通業やサービス業の会社も多いので、製品に限らず商品やサービスの「ソリューション」（⇩巻末）と言い換えたほうがよいでしょう。ソリューションとは、〝解決すること〟といった意味で、顧客の問題や課題を解決する、顧客の要望や要求に応えることやモノのことです。

プライスのPは、言うまでもなく製品・商品やサービスの価格設定、値付けのことで、4Cでは顧客が支払うコストととらえます。

また、**プレースのP**は製品・商品・サービスにまつわる場所のことですが、〝どこで〟の意味で「流通」の方法や経路とするのが一般的です。4Cでは、より顧客の立場に立って「利便性」と考えます。

プロモーションのPは、様々な販売促進活動。広告宣伝の他にも、商品の陳列や説明まで、いろいろな活動を含むものです。これらは売る側から見ればプロモーション（促進）ですが、顧客の側から見ると「コミュニケーション」と呼ぶほうがしっくりくるでしょう。

要するにマーケティングの4つの要素とは？

マーケティングの「4P」から「4C」へ

4P		4C
Product（製品）	→	**C**ustomer Solution（顧客ソリューション）
Price（価格）	→	**C**ustomer Cost（顧客コスト）
Place（流通）	→	**C**onvenience（利便性）
Promotion（販売促進）	→	**C**ommunication（コミュニケーション）

要するに

- ソリューション
- 価格設定
- 流通方法
- コミュニケーション

を計画し実行するのがマーケティング

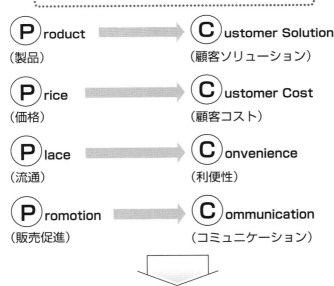

3 「セリング（販売活動）」とマーケティングの違い

要は、顧客に「満足」を買ってもらうことが大切！

◉──マーケティングは、販売活動と同じではない

よりたくさん「売る」ことを考えるのは、会社では販売部門の仕事です。ですから、「マーケティングは販売と同じなのでは？」と考える人がいるかもしれません。たしかに、マーケティングは「セリング（販売活動）」と同じものと考えられた時代があります。

しかし、販売は、すでに出来上がったものを売り込む活動です。いったん出来上がったものを売り込むだけでは、明らかな限界があるでしょう。

◉──最初から最後まで「売れる」しくみをつくるのがマーケティング

より多くの顧客に満足してもらい、それによって会社も満足するには、やはり**「売る」という発想でなく、「売れる」しくみをつくる視点**が必要です。

そのために、商品開発から、売り場での販売促進に至るまで、一貫してマーケティングの視点で計画し実行して、その製品やサービスが顧客にピッタリの、満足するものになる必要があ

るのです。

「マネジメントの父」と呼ばれるP・F・ドラッカーは**「マーケティングの狙いはセリングを不要にすること**（中略）、ひとりでに売れるようにすること」とまで言っています。

マーケティングが「販売」と違うところは……

●セリング（販売活動）

●マーケティング

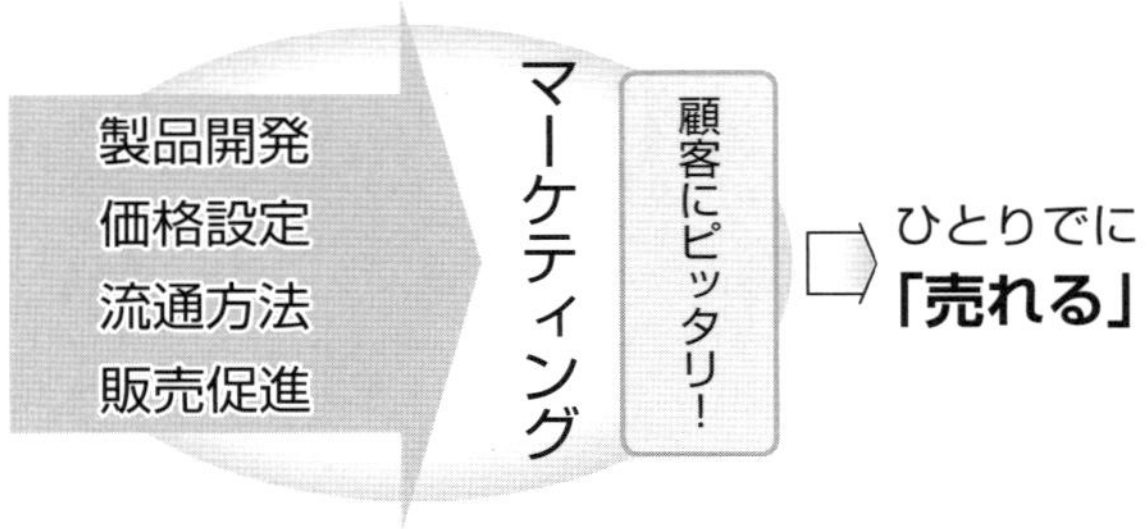

「マーケティングのねらいは
ひとりでに売れるようにすること」
―― P. F. ドラッカー

4 まず「市場」を把握することから始めよう

↓消費者アンケートが市場調査ではない

◉——「市場調査」とはいったい何だろう

ひとりでに「売れる」しくみをつくるには、何から始めたらよいでしょう?「マーケティング・リサーチ」（⇩P124）という言葉を聞いたことがあると思います。日本語で言うと市場調査ということですが、まず行ないたいのは自社の狙う市場を把握することです。と言っても、単にアンケートなどをとって消費者の傾向を調べるだけではありません。

◉——市場を知り、敵を知り、己を知る

市場を把握するためには、左の3つのポイントが重要になります。消費者の傾向だけでなく、市場の性格、競争相手、そして自社のことを把握するのが大切なのです。

市場の性格を把握するために行なうのがマーケティング・リサーチですが、（競争相手を含む）市場を取り巻く環境を把握することを「**外部環境分析**」、自社が置かれた環境を把握することを「**内部環境分析**」と呼びます（⇩P116）。

市場を把握するポイントは？

① 市場の性格を把握する

消費者の傾向は?
市場細分化の状況は?
そもそも市場の規模、成長率は?
成長しているのか、安定しているのか?　etc.

② 競争相手を把握する

ライバル社はどこか?
異業種からの参入はないか?
競合商品の品質、価格は?
ライバル社の市場戦略は?　etc.

③ 自社を把握する

自社の規模、シェア、実績は?
市場における強みと弱みは?
自社商品の品質、価格は?　etc.

5 「ターゲット」を絞り込もう

市場のすべてを狙っても、成功するワケがない

◉——特定の市場に狙いを定める

市場の性格を知り、競争相手と自社を把握する目的のひとつは、狙うべき市場を絞り込むためです。

どんな大企業でも、世界中の人々の衣食住すべての市場を狙うことはできません。会社の規模に応じて、市場の中の特定の部分に狙いを定めることが必要なのです。

◉——「セグメンテーション、ターゲティング、ポジショニング」とは?

そのためにはまず、市場全体を細かく分類（セグメント）して見ます。これが、マーケティングで「セグメンテーション（市場細分化）」と呼ぶプロセスです（⇩P82）。

このようにして絞り込んだ、標的となる市場を「ターゲット市場」とか「ターゲット・マーケット」と呼び、ターゲット市場を定めることを「ターゲティング」といいます（⇩P88）。

ターゲット市場を絞り込んだらさらに、その市場でのポジションを決める「ポジショニン

グ」が重要です。会社や製品を、他社・他製品と差別化するわけです（⇩P90）。

このセグメンテーション、ターゲティング、ポジショニングの3つのプロセスは、それぞれの頭文字をとって「STP」と呼ばれています。

「STP」の3プロセスでターゲットを絞る

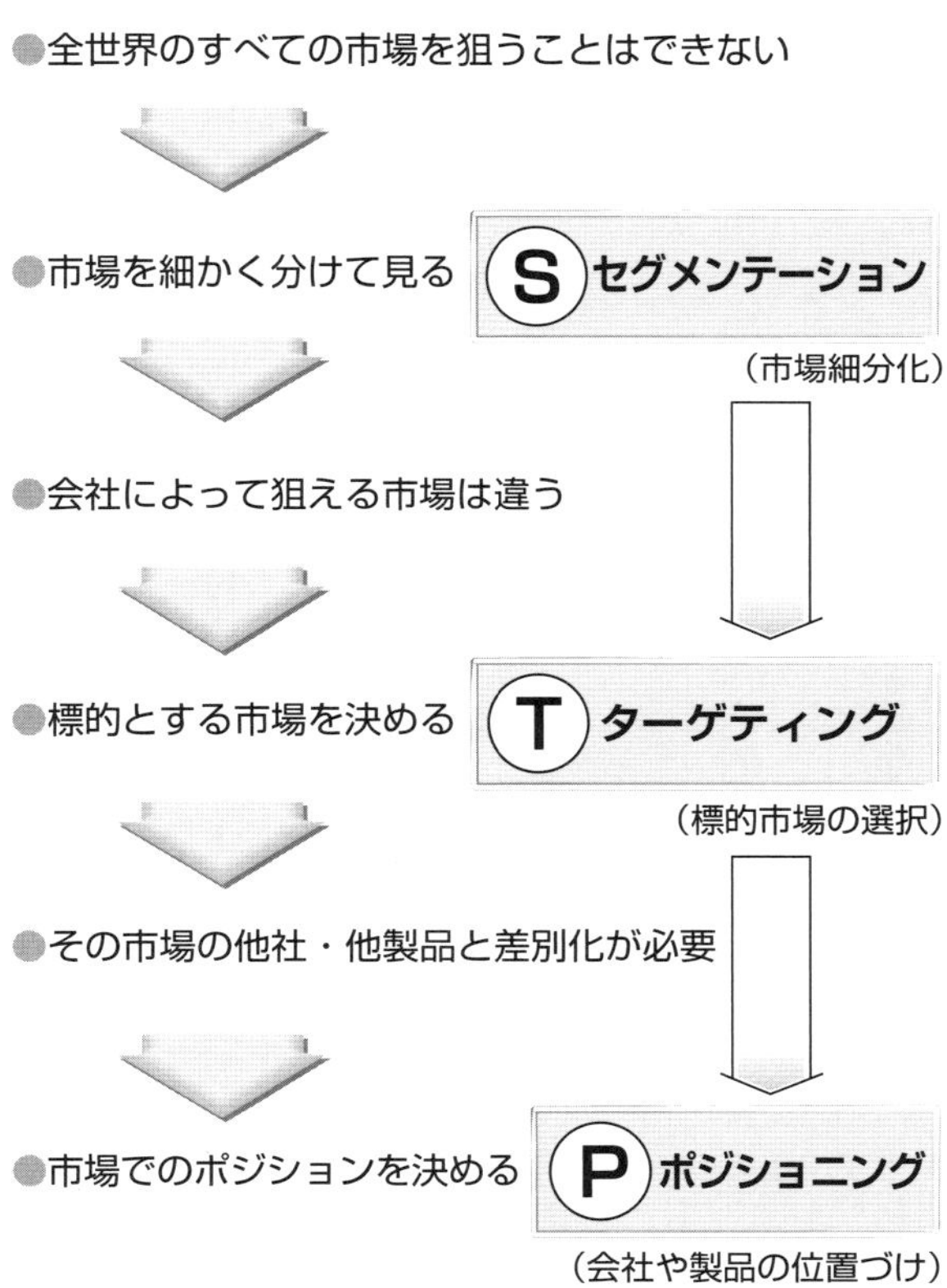

●全世界のすべての市場を狙うことはできない
●市場を細かく分けて見る
S セグメンテーション
（市場細分化）
●会社によって狙える市場は違う
●標的とする市場を決める
T ターゲティング
（標的市場の選択）
●その市場の他社・他製品と差別化が必要
●市場でのポジションを決める
P ポジショニング
（会社や製品の位置づけ）

市場を細分化し、ターゲットを絞って、ポジションを決めるプロセスがマーケティングの「STP」

6 「マーケティング・ミックス」が基本です！

4Pを効果的に組み合わせるのがマーケティングの基本

◉——製品・価格・場所・販促は別個のものではない

「マーケティングの4P」の基本的な考え方は、製品・価格・場所・販促のどれが欠けても「売れる」しくみはできないということです。そこで、各要素を上手に組み合わせることが必要になります。

これを「マーケティング・ミックス」といいます。組み合わせる要素は、細かくあげれば4P以外にもいろいろな分け方がありますが、4Pがいちばんシンプルで基本的なマーケティング・ミックスの要素です。

ここで大切なのは、**各要素を深く関連させながら展開すること**。4Pは、それぞれが独立した別個のものではありません。たとえば、製品のコンセプトを的確に伝えるには、価格・販促・流通をそれに見合ったものにする必要があります。

また、価格は製品・販促・流通によって影響を受けるし、逆に価格がある程度決まっている場合は、製品・販促・流通も価格に応じたコストの制約を受けることになります。

「マーケティング・ミックス」の考え方

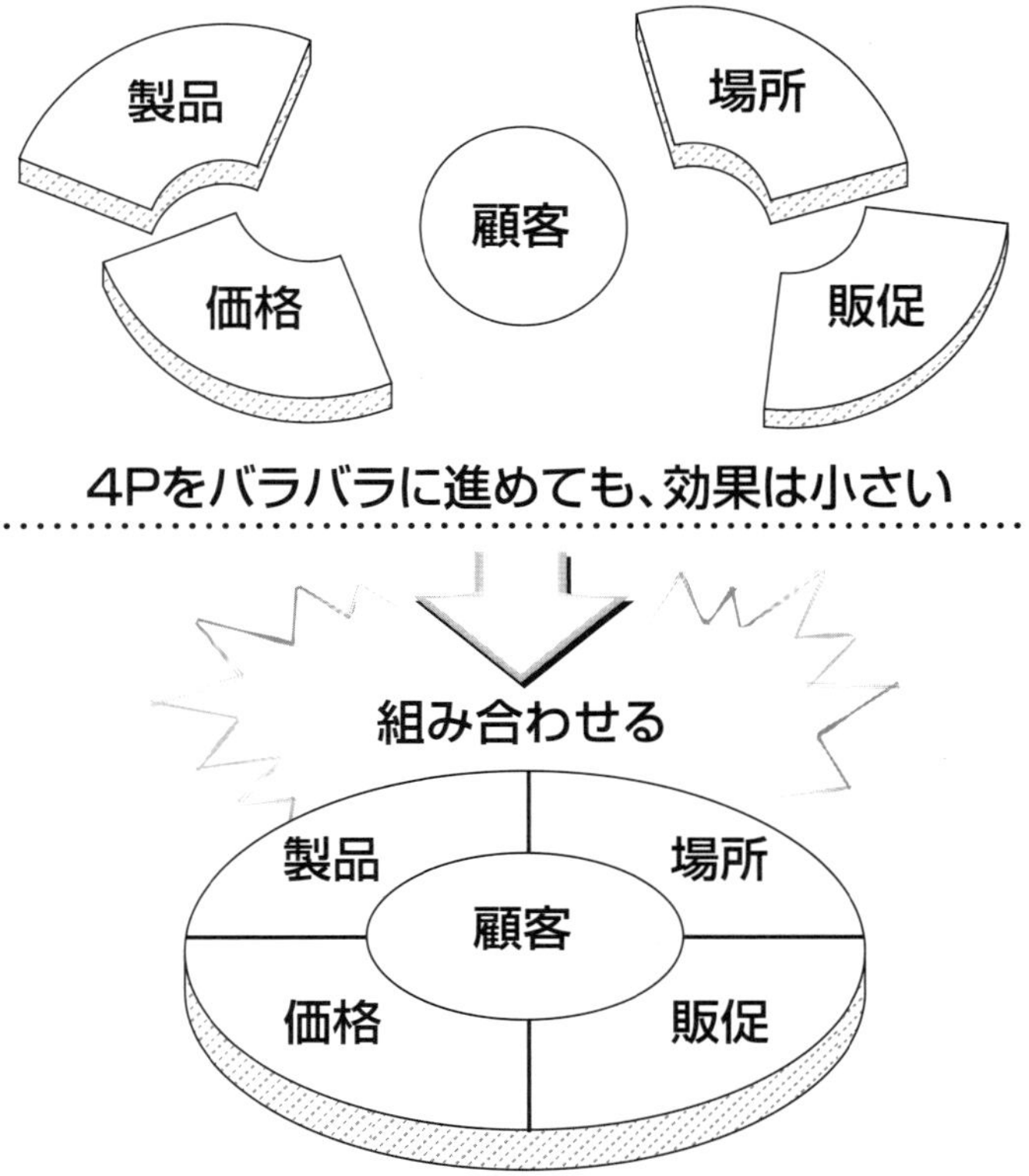

最大の成果をあげるように4Pを効果的に組み合わせるのが「マーケティング・ミックス」

つまり、4Pをバラバラに進めるのでなく、最大の成果をあげるように、効果的に組み合わせるのがマーケティング・ミックスなのです。

◉――「ヨード卵・光」のマーケティング・ミックスを見てみると……

マーケティング・ミックスが効果的に実行された例として、日本農産工業の「ヨード卵・光」のケースがよく知られています。

ヨード卵・光は、健康によいヨードが含まれた鶏卵で、一種の健康食品的なとらえ方をされている製品です。価格は1個当たり50円と、鶏卵にしては高く、しかも固定価格。この価格設定がまず、健康食品としての信頼度を高める要素になっているのです。

しかし、この価格設定のため1976年に発売された当初、スーパー等で受け入れてもらえませんでした。そこで、小規模の商店などからスタートすることとしたのです。

それに合わせて、販促も大規模なテレビ・コマーシャル等はあまり行なわず、むしろ商店を1軒ずつ回る人的販売に重点が置かれました。その一方で、大学の医学部などにヨード卵・光の健康効果の研究を依頼し、その研究発表がマスコミ等で取り上げられることによるプル戦略（⇩P32）も採用されました。

その結果はご存じのように、当初の価格設定のまま、全国のスーパーやコンビニまで行き渡り、現在に至る息の長いヒット商品になっています。この例から、4Pを関連させながら展開する、マーケティング・ミックスの本質を理解することができるでしょう。

4Pを関連させながら組み合わせる

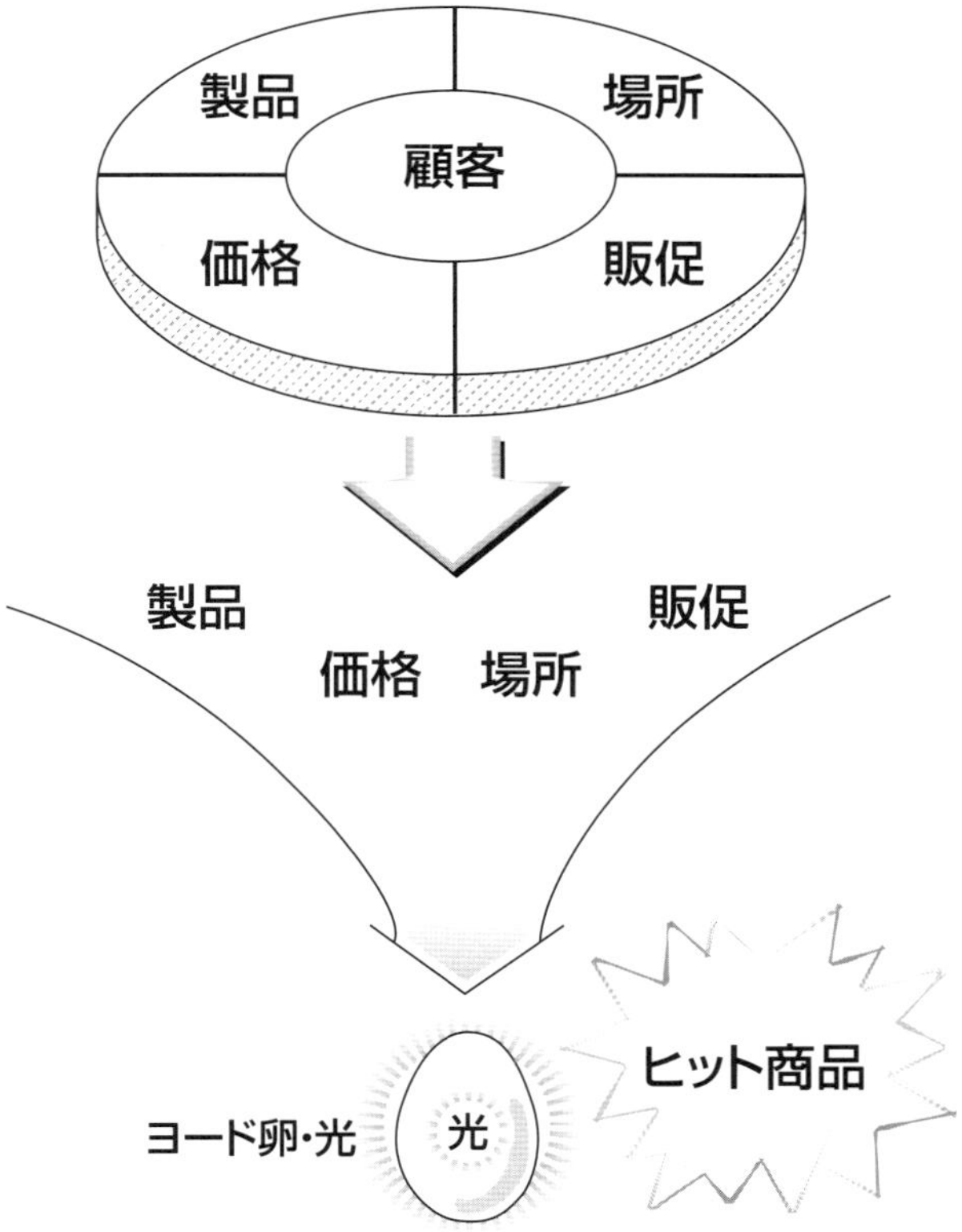

4Pは独立した別のものではない。上手な組み合わせでヒット商品が生まれる

7 「マーケティング・マネジメント・プロセス」とは？

マーケティング戦略を実行に移してコントロールする

◉──STPとマーケティング・ミックスが「マーケティング戦略」

ここまでの話をまとめてみましょう。

マーケティングは、まず市場を把握することから始まるのでした（⇩P46）。それは何よりSTP──市場を細分化し「ターゲット市場」（⇩P48）を絞り込んでポジションを定め、そこに向けて最も効果的な「マーケティング・ミックス」（⇩P50）を計画・実行するためです。

このプロセスの全体が「マーケティング戦略」です。

また、マーケティング・ミックスは、4Pのそれぞれについて「製品戦略」（⇩PART4）「価格戦略」「流通戦略」（⇩PART5）「プロモーション（コミュニケーション）戦略」（⇩PART6）に分けて考えることができます。

マーケティング戦略とひと言でいうと、漠然としてつかみどころがありませんが、このように考えると理解がしやすいでしょう。**それぞれの戦略を具体化し実施した後は、結果を評価し**

「マーケティング戦略」とは？

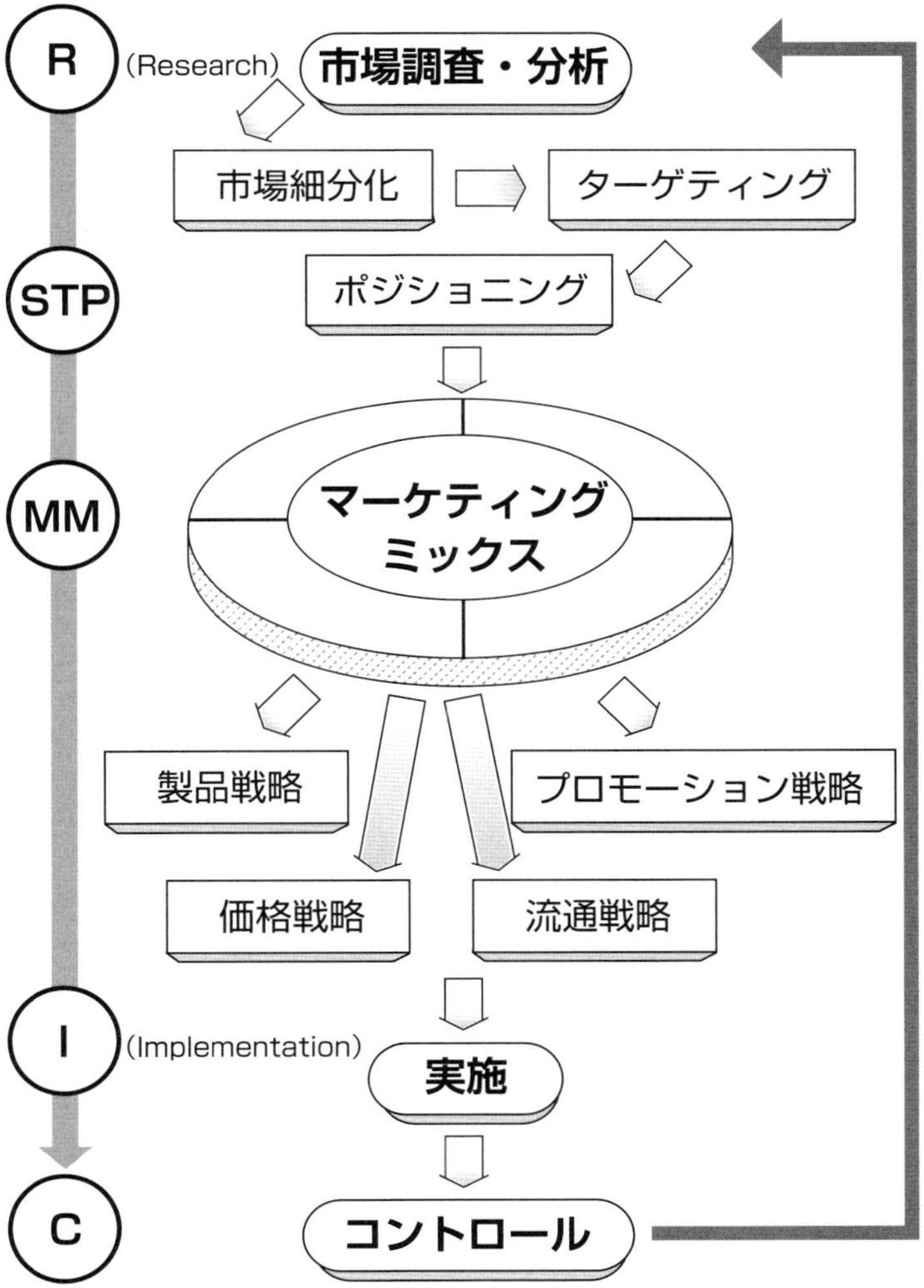

てフィードバックします。このサイクルは、それぞれのプロセスの頭文字をとって「R→STP→MM→I→C」と表現されることも多いものです。これを「マーケティング・マネジメント・プロセス」と呼びます。

◉──経営戦略からマーケティング戦略が導き出される

マーケティング戦略は、何をもとに立案するのでしょうか。

市場の把握より何より先に、マーケティング活動全体の方向を決定する指針がなくてはなりません。これを**「マーケティング目標」**といいます。マーケティング戦略とは、このマーケティング目標を達成するための活動であり、成果もその達成度で評価されることになります。

マーケティングの最も根本的な目的は売り手と買い手の「満足」ですが、これは会社ごとの「事業の目的」として具体化されます。事業の目的はさらに、そのときどきの「事業の目標」としてより具体的に設定されます。

マーケティング目標は、この事業目標から導き出されるもので、「シェアの上昇」「売上げの拡大」「新製品の開発」「ブランド認知度の向上」など、具体的な数字等で明確に表現されます。

つまり、事業の目的と事業の目標は会社としての「経営戦略」であり、その経営戦略の目標達成のために計画・実行するのがマーケティング戦略なのです。

マーケティング戦略とマーケティング目標とは？

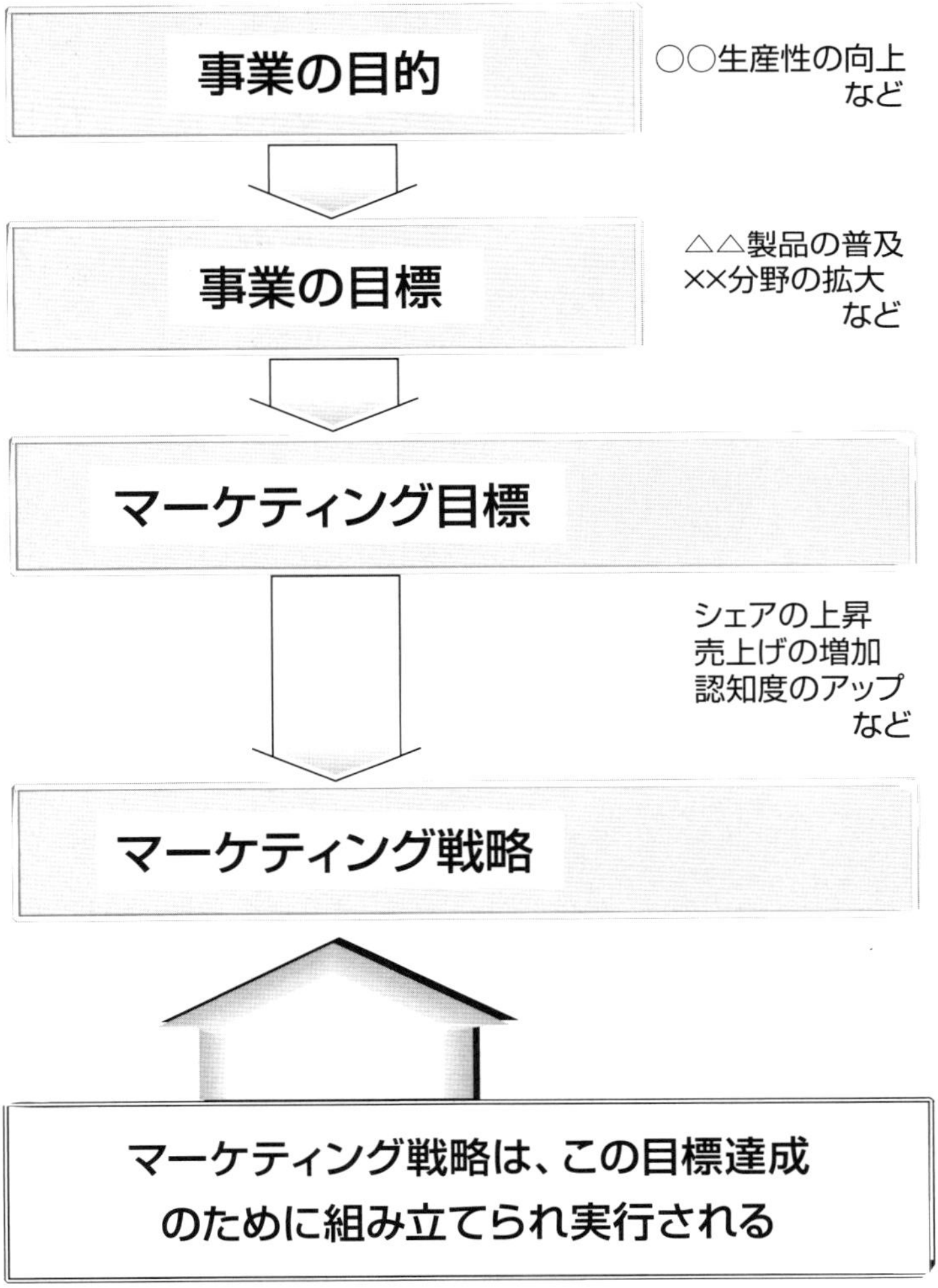

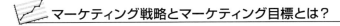

言い換えれば、**マーケティング戦略も会社としての経営戦略の一部**です。ですから、どんなに優れたマーケティング戦略でも、会社の経営戦略から外れた方向に進むことがあってはなりません。

たとえば、会社としてA分野の拡大を目標に掲げているのに、B分野を推進するようなマーケティング戦略はあり得ないのです。このことを忘れて、マーケティング戦略が意図しない方向にひとり歩きすることのないよう、いつも注意しておく必要があります。

PART 2

顧客のことを、しっかり知ろう！

そもそも「顧客」って、
どんなふうに考えて、
どんなふうに行動するのか——。
そこから「差別化」が始まる。

1 「欲求5段階説」でお客様のニーズがつかめる?

人間の欲求にもいろいろある

◉——マズローの「欲求5段階説」とは?

マーケティングの中心には、いつでも「顧客」——つまり、お客様がいます。お客様が何を考え、何を求めて、どんな行動をとるか、それを知らずにマーケティングはあり得ず、「売れる」しくみをつくることもできません。

その、顧客が求めるものを知るヒントのひとつとして、有名な「マズローの法則」がありま す。それによると、**人間の欲求はピラミッド状の5つの段階で説明できる**のです。

5つの段階とは、左の図のようにまず、第1段階の衣食住への基本的な欲求から始まり、第2段階の病気や事故、将来への不安から自分の身を守りたい欲求に進みます。

第3段階では自分を温かく迎え愛してくれる集団や人を求め、第4段階は社会的に認められたい、尊敬されたいという欲求です。

最後の第5段階は、自分の能力や可能性を発揮し、創造的な活動や自己の向上を望む欲求に

人間の「欲求」とは？

マズローの欲求5段階説

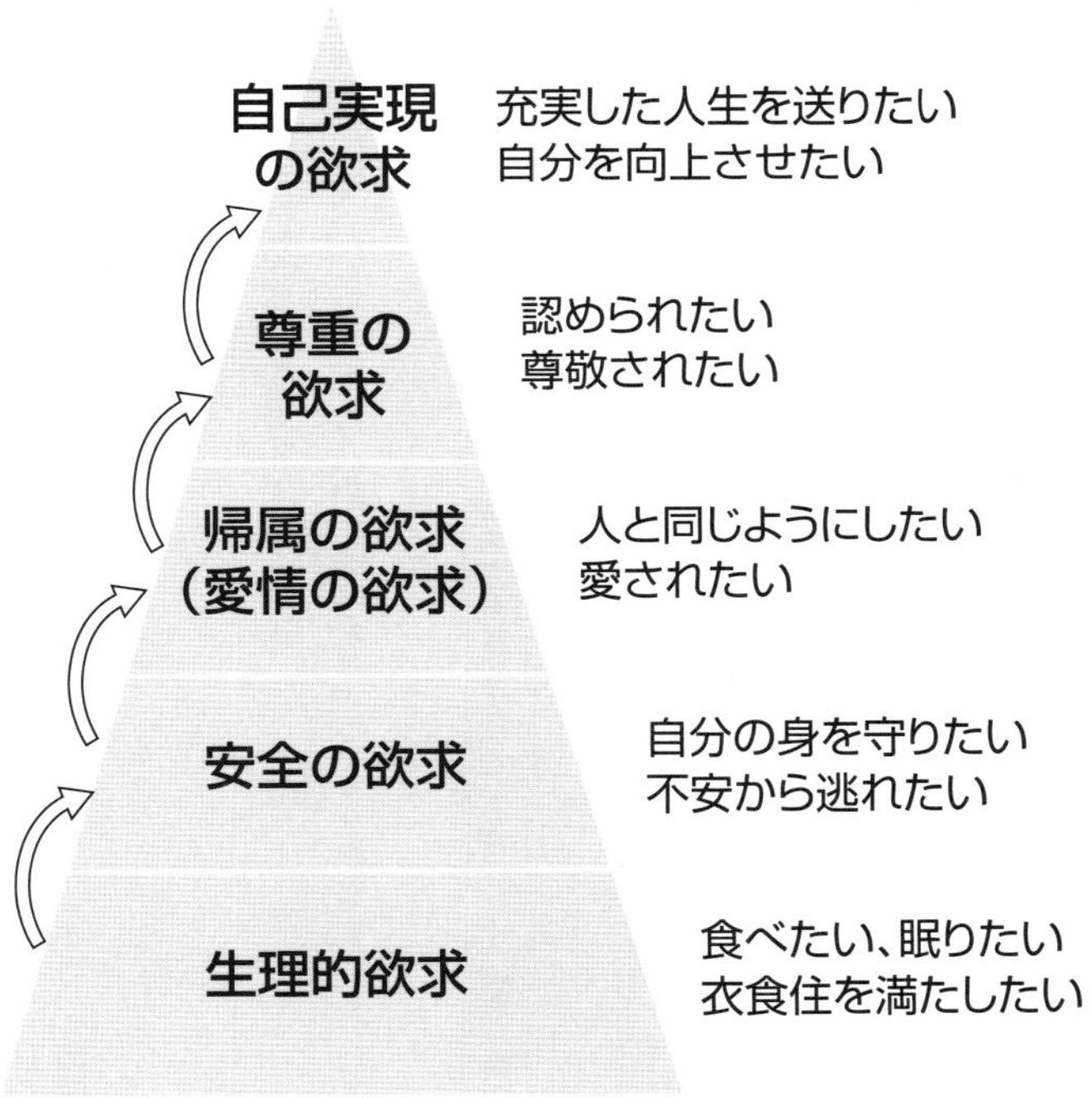
自己実現の欲求
充実した人生を送りたい
自分を向上させたい
尊重の欲求
認められたい
尊敬されたい
帰属の欲求（愛情の欲求）
人と同じようにしたい
愛されたい
安全の欲求
自分の身を守りたい
不安から逃れたい
生理的欲求
食べたい、眠りたい
衣食住を満たしたい

人間の欲求はこれで説明できる！（という学説）

なります。

この5段階は、下位の欲求が上位の土台になっているので、1つの段階が満たされると、より上位の欲求に進むという説です。

◉——顧客は何を求めているかをとらえよう

「マズローの法則」から、いろいろな発想を得ることができます。たとえば、衣料品で考えてみましょう。

「生理的欲求」の段階では、衣服は単に身にまとうもの、せいぜい下着やふだん着、防寒着くらいしか考えられないでしょう。

これが**「安全の欲求」**段階になると、燃えにくい難燃性の素材や、化学農薬を使わずに栽培されたオーガニック・コットン素材の商品などが思いつくようになります。

また**「帰属の欲求」**からは、各種のユニフォーム、とくに会社の制服などが求められるかもしれません。

さらに、**「尊重の欲求」**では高級ブランド品、**「自己実現の欲求」**では世界に1つしかない一点ものや、非常に個性的なおしゃれ着などが、欲求の対象になることでしょう。

このようにマーケティングでは、顧客の欲求がいま何に向かっているかをとらえ、それを満たす商品・製品やサービスをつくり出すことが大切になるのです。

欲求5段階説から発想すると…

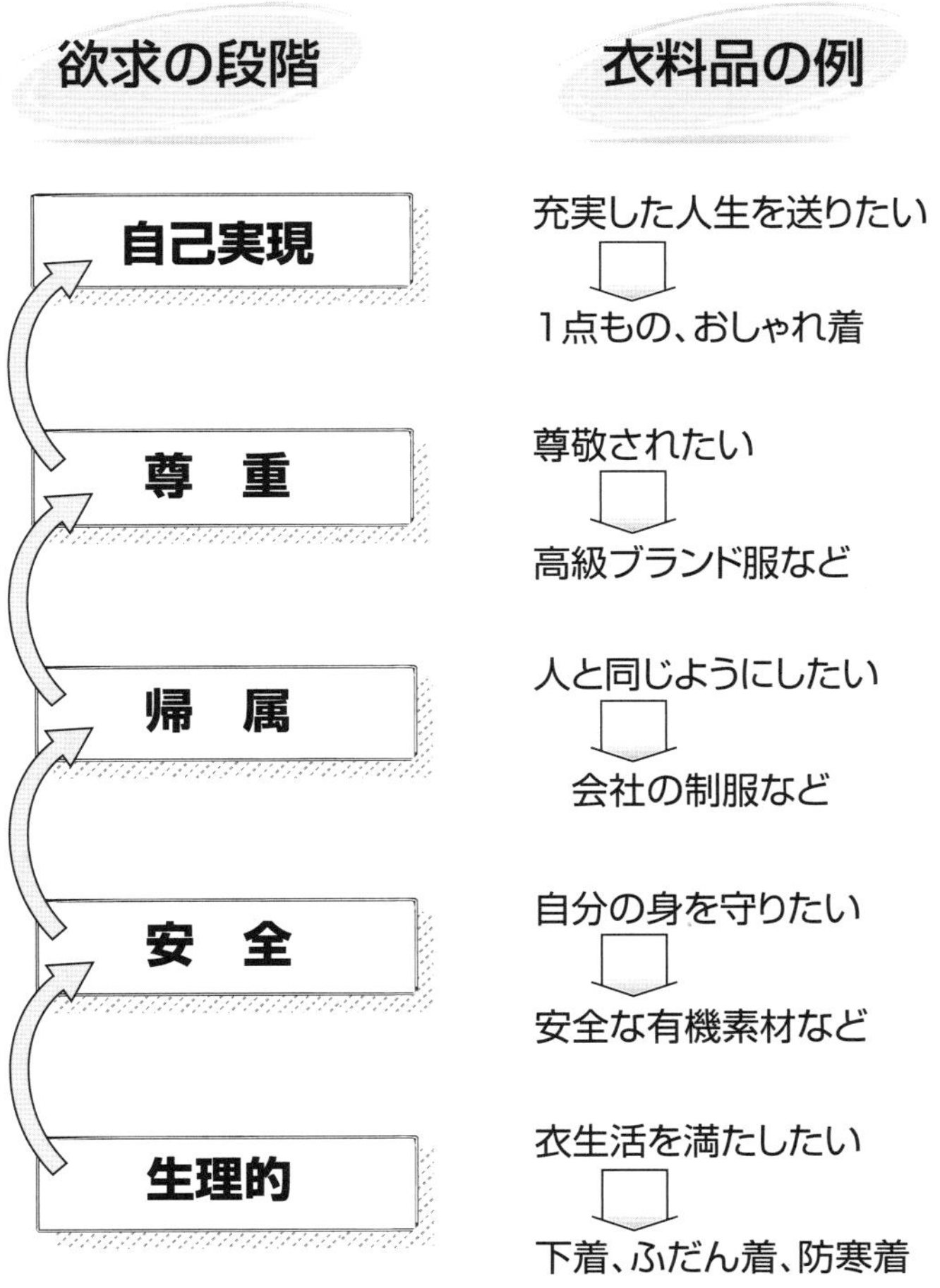

2 「ニーズ」とはいったい何だろう

ニーズ・ウォンツ・デマンズとマーケティングの関係

◉——人間の欲求は3段階に分けられる？

マーケティングの出発点は、前項で見た人間の欲求ということになります。では、マーケティングから見た人間の欲求とはどういうものでしょう？　よく「消費者のニーズ」といいますが、ニーズがすなわち欲求なのでしょうか？

「マーケティングの神様」と呼ばれる**P・コトラーによると、人間の欲求は3段階に分けられる**といいます。すなわち、左の図の「ニーズ」「ウォンツ」「デマンズ」の3つです。ニーズ（needs）は「必要」、ウォンツ（wants）は「欲求」、デマンズ（demands）は「需要」といった意味になります。

◉——マーケティングはニーズをつくり出せないが……

コトラーによると、マーケティングはニーズを創造することはできません。

つまり、食べ物が足りない、乗り物がないといった、そもそものニーズをつくり出すことは

人間の欲求の3段階とは？（コトラーによる）

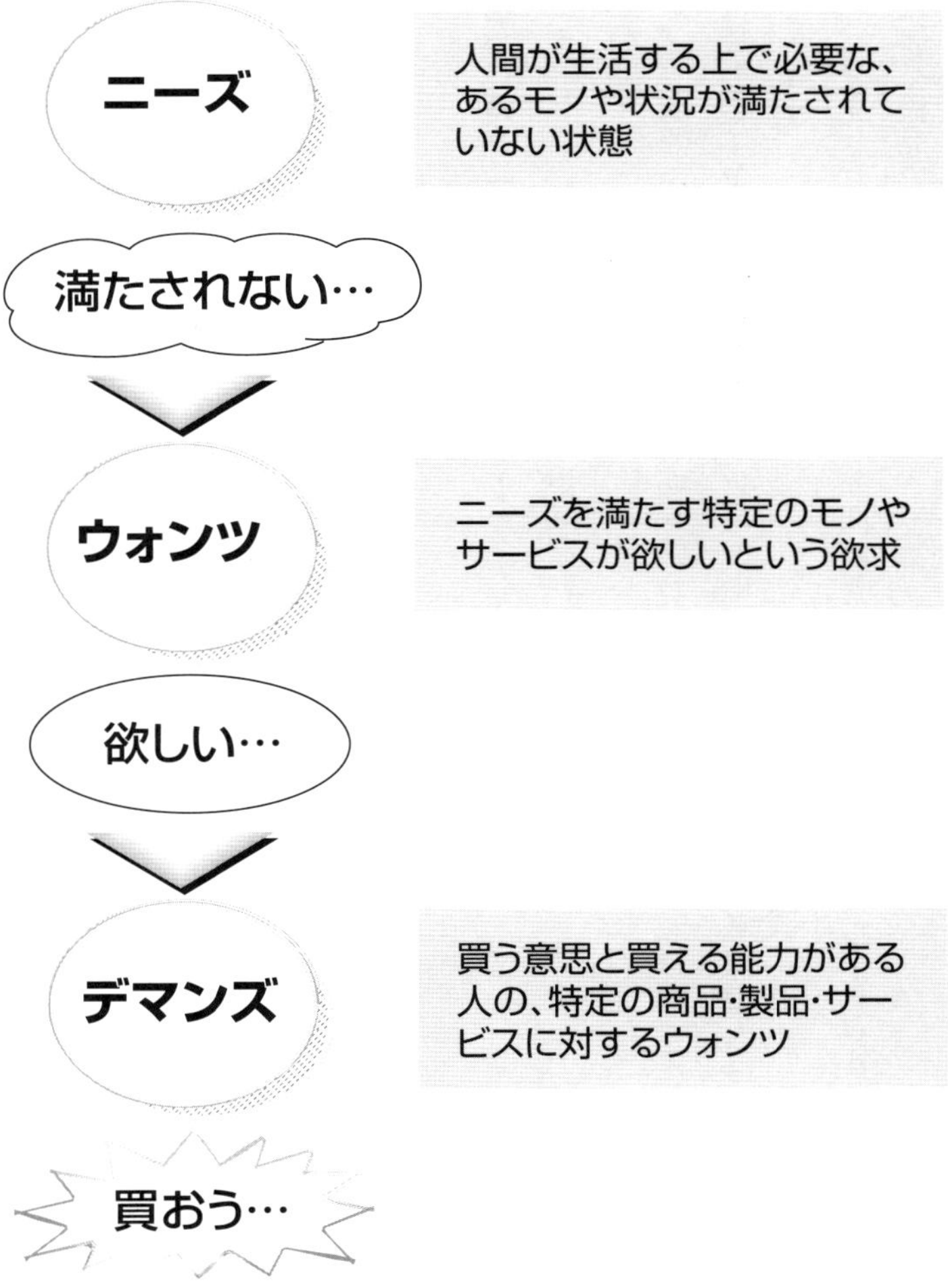
ニーズ
人間が生活する上で必要な、あるモノや状況が満たされていない状態
満たされない…
ウォンツ
ニーズを満たす特定のモノやサービスが欲しいという欲求
欲しい…
デマンズ
買う意思と買える能力がある人の、特定の商品·製品·サービスに対するウォンツ
買おう…

できないということです。

しかし、たとえば自動車に対するニーズがあって、具体的に乗用車が欲しいというウォンツが出てきたとき、それに影響を与えることはできます。

さらに、実際に買おうと思った人とその人の購買能力を調べ、そのデマンズをより具体的に「○社の乗用車を買う」という方向に向けることができます。

ニーズ・ウォンツ・デマンズとマーケティングの関係は、だいたいこのようなものと考えておけばよいでしょう。

◉——眠っているニーズを覚ますのもマーケティング

マーケティングは、ニーズをつくり出せないというのはそのとおりですが、隠れていたニーズを見つけ出すことはできます。

たとえば、携帯音楽プレーヤー。ソニーが1979年に初代のウォークマンを登場させる以前に、携帯型でイヤホンで聴く音楽プレーヤーが求められていると考えた人は、ほとんどいなかったでしょう。

しかし、発売されるや否やアッという間に普及し、今日のアップル・iPodに至るまで音楽好きな人の必需品です。

眠っているニーズを探し出し、その眠りを覚ますのもマーケティングの仕事なのです。

3つの欲求とマーケティングの関係

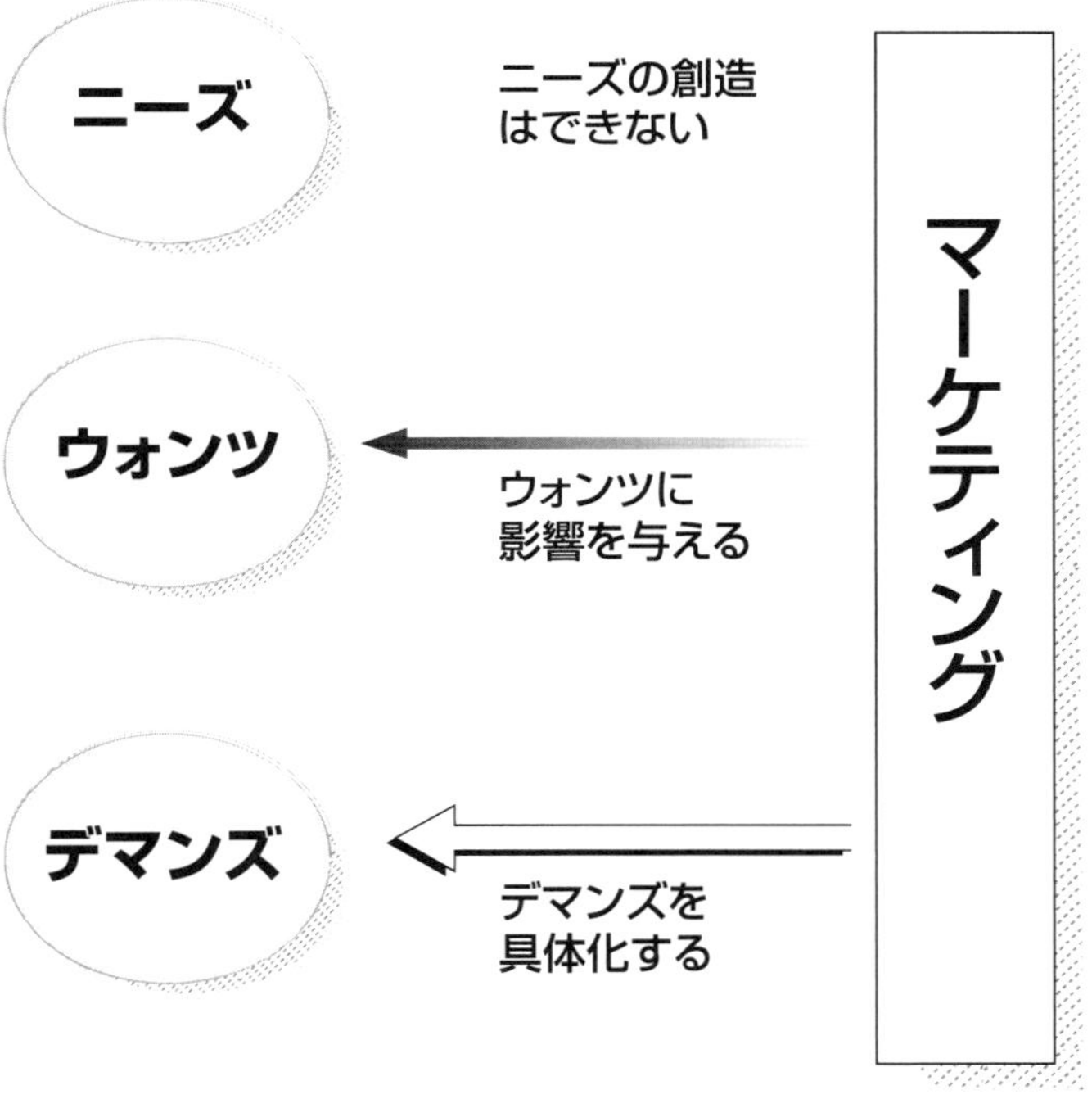

ただし隠れているニーズを探し出し、呼び覚ますことはできる

3 顧客は「ベネフィット」を買いにくる

商品やサービスが「売れる」のではない

●——顧客が欲しいのは「ドリルではなく穴」

マーケティングの世界には、ニーズに関連して述べた有名な格言があります。「ドリルを買いにきた人が欲しいのは、ドリルではなく穴」という意味の格言で、T・レビットという人が『マーケティング発想法』というベストセラー本の中で紹介したものです。

つまり、**顧客のニーズは商品やサービスそのものではなく、その商品やサービスから得られる効果のようなものにある**のです。この効果、効用のことを「ベネフィット」といいます。

●——ベネフィットに着目すると選択肢が広がる

顧客のニーズがベネフィットにあることを理解しておくと、マーケティングの選択肢が広がります。ドリル以外に穴を開ける別の道具を売ることもできるし、顧客の代わりに穴を開けるサービスの提供だって考えられるでしょう。

前項の携帯音楽プレーヤーの例でベネフィットを考えれば、単一機能の音楽プレーヤーである必要もないわけです。実際、ソニーもアップルも、自社のスマートフォンに高音質の音楽再生アプリをインストールしています。

ちなみに、そのアプリの名前は当初、それぞれ「WALKMAN」「iPod」でした。

「ベネフィット」とは？

「４分の１インチのドリルを買った人は、４分の１インチのドリルが欲しかったのではない。４分の１インチの穴が欲しかったのだ」――T. レビット『マーケティング発想法』より

ベネフィットは４分の１インチの穴

↓

携帯音楽プレーヤーでいえば……

「携帯音楽プレーヤーを買った人は、携帯音楽プレーヤーが欲しかったのではない。外出中でも音楽が聞きたかったのだ」

ベネフィットは電車の中などで音楽を聞くこと

↓

XPERIA
iPhoneにもXPERIAにも高音質の音楽再生アプリが
iPhone

4 「顧客満足」って要するにどういうこと？

顧客は商品やサービスに何を期待しているのだろう

◉——もしも顧客が不満足を感じたら……

顧客のベネフィットを満たしさえすれば「売れる」のでしょうか。

顧客は、あるレベルの期待を持って商品を購入しています。商品が、その期待レベル以上であれば満足してもらえますが、レベルに届かないときに感じるのは不満足です。そして不満足に関しては左のような法則が、昔からマーケティングの世界に伝えられています。

こうなると、次からは買ってもらえず、口コミ——今日でいえばＳＮＳなどの〝拡散〟で新規の顧客も減っていくことでしょう。

◉——「顧客価値の3本柱」とは？

顧客は、基本的なベネフィット以外に何を期待しているのでしょうか。

顧客が商品に求める価値——顧客価値についてよく言われるのが「顧客価値の３本柱」です。

「品質」「サービス」「価格」の3つの柱で、**クオリティ・サービス・プライスの頭文字から「QSP」ともいいます。**

この顧客価値の3本柱――品質・サービス・価格について顧客が抱いていた期待を、購入し

顧客不満足についてマーケティング界に伝わる法則

法則 ①

不満足を感じたときに苦情を言う顧客は一部にすぎない。ほとんどは黙って、次から買うのをやめる。

法則 ②

不満足を感じた人の好意的でない口コミは、満足を感じた人の好意的口コミより格段に影響が大きい。

「顧客不満足」になると、リピーターも新規顧客も減る

た商品が上回った状態が「顧客満足」です。英語で言うとカスタマー・サティスファクション、「CS」と略す表記もよく見かけられます。

◉——長期的な関係構築を目指す「CRM」

顧客満足度を向上させるために、近年見直されているものに「CRM」（カスタマー・リレーションシップ・マネジメント＝顧客関係管理）があります。

要するに、**顧客データベースをつくって、一人ひとりの顧客と長期的な関係構築を進めていこうという手法**で、考え方としては以前からあったものです。近年のコンピューターやIT技術の一般化で、現実的な活用が可能になりました。

顧客と長期的な関係を築くアプローチとしては、左のような3つの手法があります。ここでも重要になるのが、ベネフィット（⇩P68）です。

まず、金銭的なベネフィットとして、マイレージ・プログラムやポイントカード、会員制友の会などで金額的な優遇を感じてもらう方法。社会的なベネフィットとしては、顧客ごとに専任の担当者を決めて人間関係を築く方法などがあります。

構造的結びつきは、注文や決済を簡単にするアプリを提供するなどして、構造的に離れにくい関係を築こうというものです。

CS（顧客満足）からCRM（顧客関係管理）へ

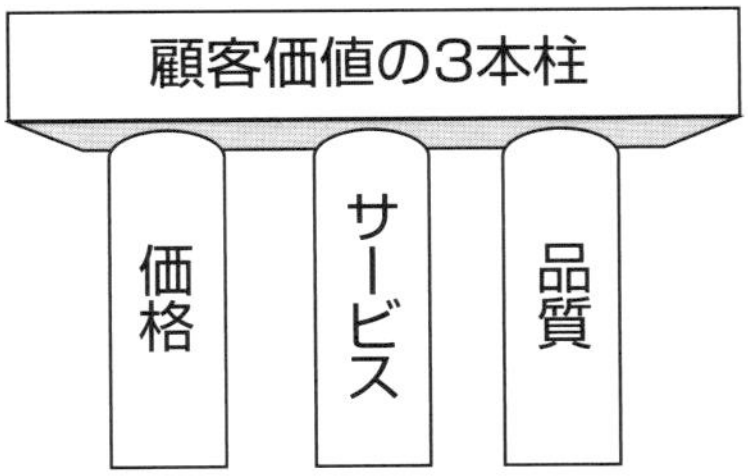

品質・サービス・価格が
顧客の期待未満だと不満足。
期待以上だと「顧客満足」
Customer Satisfaction

↓

顧客満足度を向上させる

CRM

顧客関係管理
Customer Relationship Management

↓

顧客と長期的な関係を築く

金銭的ベネフィット	マイレージ・プログラム、会員制友の会など
社会的ベネフィット	顧客ごとに専任の担当者を決めるなど
構造的結びつき	注文・決済を簡単にするアプリの提供など

5 消費者の購買行動がわかる「AIDMAの法則」

注目・興味・欲求・記憶・行動が「アイドマ」

◉――「買う」までにはどんな段階があるか?

顧客が実際に「買う」までには、どんな心理が働き、どんな行動が見られるでしょうか。たとえば家電――ロボット掃除機を買う場合で考えてみましょう。

最初、消費者は広告や店頭の陳列で、数あるロボット掃除機の中から、特定の製品に「オッ?」と目をとめます。すなわち「注目」の段階です。

次にカタログを読んだり、販売員の説明を聞いたりして「フムフム」と関心を示します。これが「興味」の段階です。そして、性能やデザインが希望に合うと「欲しいなあ、いくらかな?」と「欲求」の段階に移ります。

ここですぐに買う人もいるでしょうが、ある程度高額の商品では「もう少し別のものを見てから」となることも多いでしょう。その間、このロボット掃除機は消費者の頭の中で「記憶」の段階にあります。いろいろ迷った末、ついに「よし、決めた」といずれかのロボット掃除機

消費者が「買う」までを追ってみると

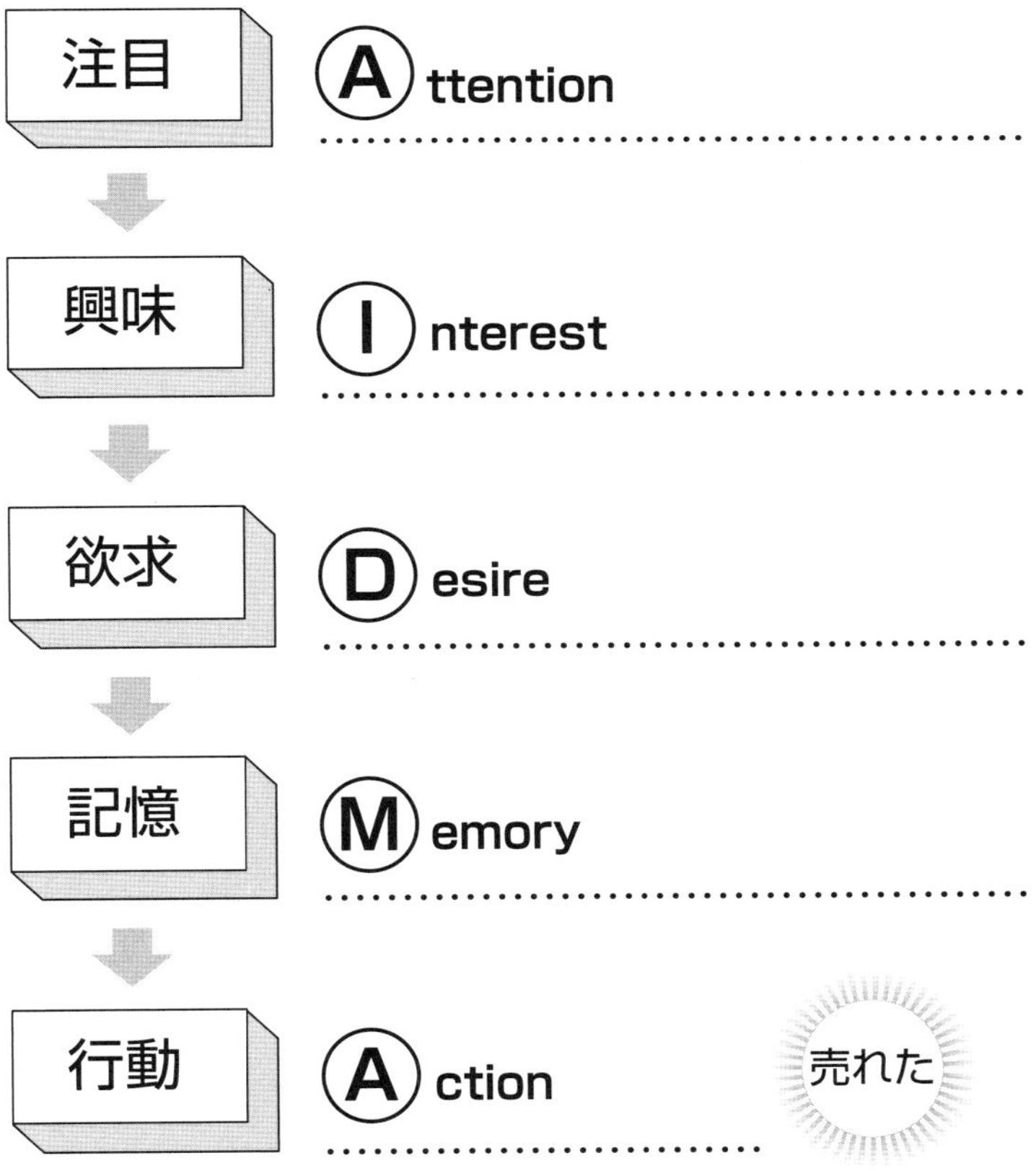

**AIDMA（アイドマ）の法則で
購買行動の基本がわかる**

を選ぶと、最後に買うという「行動」になるわけです。

◉──「AIDMA」は消費者の購買行動を知る基本

以上のような購買行動の流れを、それぞれの段階の頭文字をとって「AIDMA（アイドマ）の法則」とか「AIDMAモデル」といいます。アメリカのS・R・ホールという人が提唱したもので、**消費者がモノを買うまでの行動モデルとして、とくに販売促進や接客技術の分野でよく利用されています。**

各段階について見ると、一般に広告は「注目」や「興味」の初期の段階で効果を発揮し、より深い興味に応えるには、販売員の詳しい説明が大きな役割を果たします（店頭販売や訪問販売の場合）。とくに、欲しいという気持ちになって「欲求」の段階に移ってもらうのは、販売員の腕の見せ所です。

なお、比較的低額の商品などの場合は、迷うことなくその場で買ってしまうことも多いでしょう。その場合は、「記憶（M）」の段階なしに「行動」に結びつくわけで、同じくアメリカのE・K・ストロングによる「**AIDA（アイーダ）モデル**」となります。

また、ネット上の購買行動については、2000年代に日本の広告代理店、電通などが発表した「**AISAS（アイサス）モデル**」が有名です（⇩巻末）。

「AIDMA」は販促や接客に役立つ

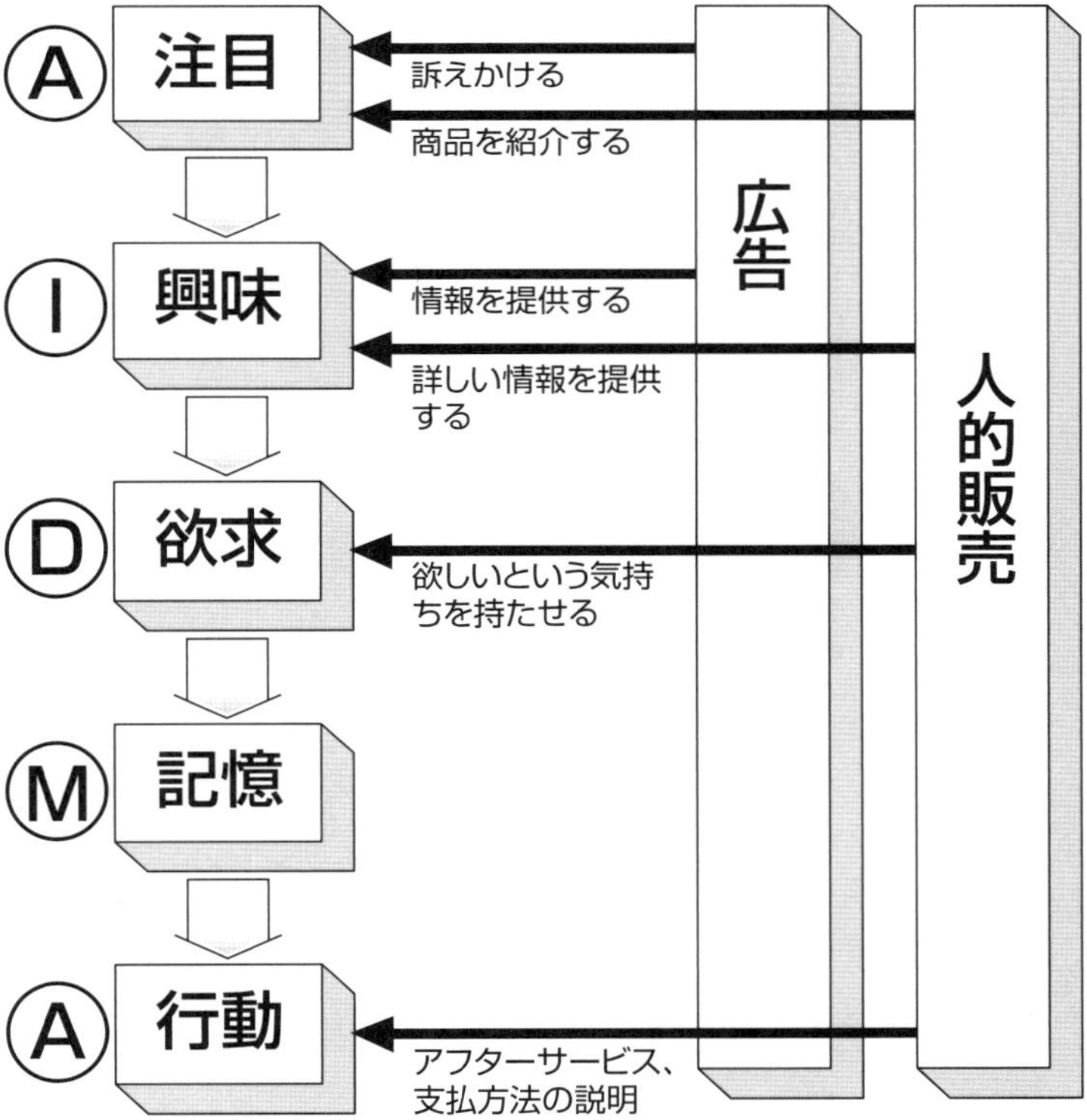

「AIDMA」は販促や接客を考えるときの行動モデルになる

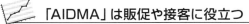

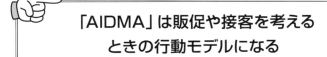

6 結局、消費者はどんな理由で買っているのか?

購買行動に影響を与える3+2の要因

◉——何が消費者の購買行動に影響しているのか

結局のところ、消費者は何をもって「買う」「買わない」を決めているのでしょうか。

「マーケティングの神様」P・コトラーは、購買行動に影響を与える要因が3つあると言っています。左の図上の**「文化的要因」「社会的要因」「個人的要因」の3つ**です。

しかし、たとえば個人的要因には年齢・職業といったわかりやすい要因と並んで、ライフスタイル・価値観などわかりにくい要因もあって、購買行動を決める要因は単純ではありません。

◉——数字やデータであらわしにくい要因もある

つまり、購買行動を決める要因には、数字やデータでつかめるものとつかみにくいものがあるということです。数字やデータであらわせるものを「デモグラフィック（人口統計学的）特性」と呼び、あらわしにくいものを「サイコグラフィック（心理学的）特性」といいます。

購買行動を考えるときは、以上のような要素を多角的に考慮することが大切です。

消費者の購買行動を左右する要因は？

消費者の購買行動に影響する要因

●文化・サブカルチャー・社会階層など

⇒文化的要因

●準拠集団（➡P80）・家族・地位と立場など

⇒社会的要因

●年齢・職業・経済状態・ライフスタイルなど

⇒個人的要因

数字やデータであらわしやすいもの、にくいもの

●性別・年齢・職業・未婚既婚の別など

⇒デモグラフィック特性

●ライフスタイル・消費スタイル・価値観など

⇒サイコグラフィック特性

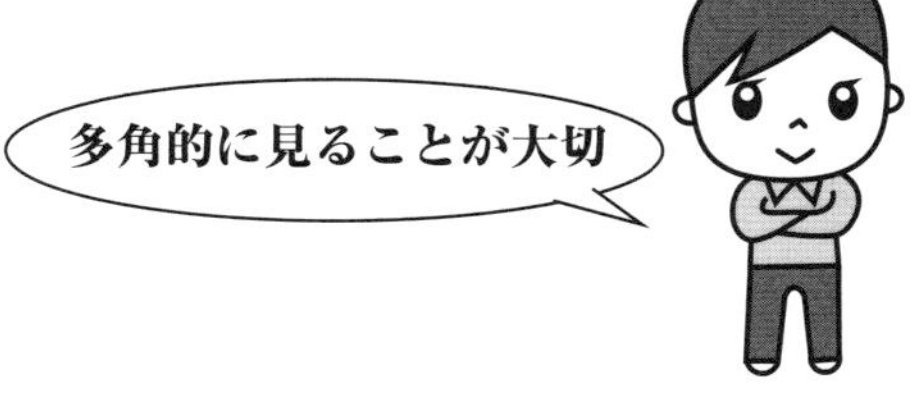
多角的に見ることが大切

7 「オピニオン・リーダー」に働きかけよう

消費者は自分ひとりで買うものを決めているわけではない

◉──購買行動は「準拠集団」の影響を受けている

前項の3つの要因のうち、社会的要因には「準拠集団」というものが出てきます。これは家族や友人、職場の同僚など、購買行動に影響を与える周囲の人や集団のことです。

人は、自分ひとりで買うものを決めているわけではありません。人の意見を聞いたり、同じものを選んだりと、必ず影響を受けています。このような影響を与える集団のうち、個人的な付き合いの範囲が「第1次準拠集団」、それ以外の公的な関係が「第2次準拠集団」です。

◉──とくに「オピニオン・リーダー」からは大きな影響がある

準拠集団の中には、「オピニオン・リーダー」（⇩巻末）がいる場合もあります。ある分野の情報に強く、消費者本人の購買行動に大きな影響を与える人のことです。

このように、**消費者本人だけでなく準拠集団や、とくにオピニオン・リーダーに働きかける**ことも、マーケティングでは重要なコミュニケーションになります。

「準拠集団」「オピニオン・リーダー」とは？

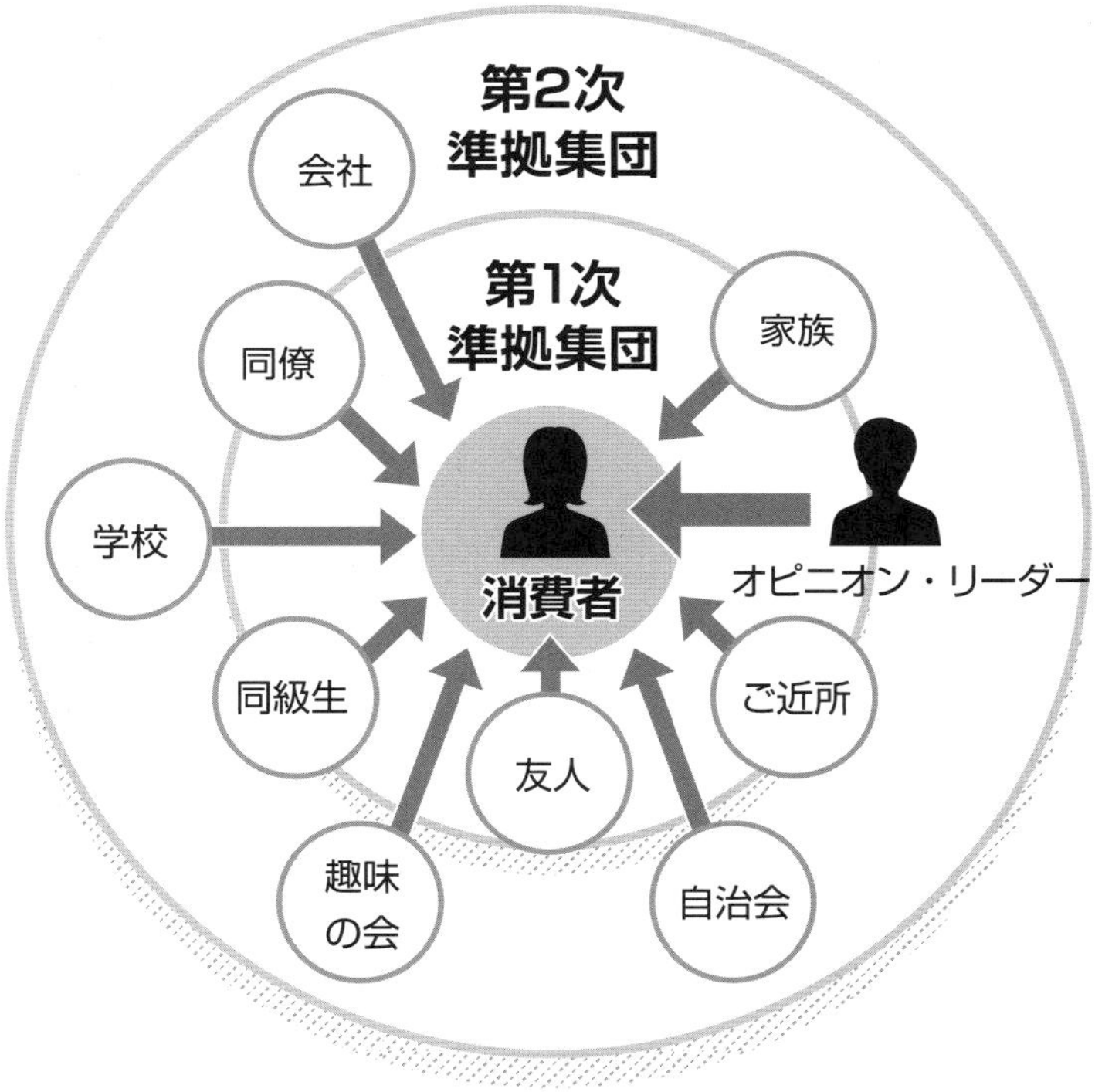

人は準拠集団やオピニオン・リーダーの影響を受けて、買うものを決めている

8 顧客がわかれば「市場細分化」できる

「マーケット・セグメンテーション」の考え方

◉――ターゲットを絞るために市場を細分化する

ここまで見てきたように、顧客が何を求めてどんな購買行動をとるのか――これがわかると、そこから「市場細分化」（⇩P48）ができるようになります。

前にも述べたとおり、企業は世界中のすべての市場、顧客を対象にすることはできません。そこで、**市場をグループに分け、ターゲットを絞る**ことが必要になります。これが「市場細分化」＝マーケット・セグメンテーションで、細分化されたグループが「セグメント」です。

一般的な消費者市場の細分化の基準は、これもコトラーの分類によると左の図のようになります。ひとつには、どのような消費者かという特性で分け、もうひとつには、なぜその製品を買うのかという消費者の反応からアプローチするわけです。

同じニーズを持つ消費者は同じグループになるようにし、違うグループの間ではニーズが異なるように細分化するのがポイントです。

市場細分化の基準になるものは？

地理的要素

地域、人口規模、
人口密度、気候
etc.

デモグラフィック要素

（➡P78）

年齢、性別、
家族数、収入、
職業、教育水準、
宗教、人種、
国籍　etc.

サイコグラフィック要素

（➡P78）

ライフスタイル、
性格
etc.

購買行動的要素

使用頻度、
ブランド・ロイヤルティー
（➡P96） etc.

◉——「ライフステージ」や「ライフサイクル」でも細分化する

従来から重視されてきた市場細分化の基準に「ライフステージ」があります。たとえば、子供→大人→高齢者といったくくりを考え、消費者がライフサイクルのどの段階にいるかで市場細分化を行なうものです。

同じ年齢・性別の人でも、家族の状況や心理的な年齢に違いがあるので、家族のライフサイクルや、心理的ライフサイクルも考慮してライフステージを決める必要があります。ただ、現在では性別・年齢・職業など（デモグラフィック要素）が、以前ほど重要な意味を持たなくなったため、それに代わって重視されるようになったのが「ライフスタイル」です。

たとえば現代では、性別・年齢・職業のデータが同じでも、まるで違う購買行動になる人が少なくありません。これは、デモグラフィック要素が同じでも、ライフスタイルなどサイコグラフィック要素が異なるからです。

そのため、個人の活動や関心事、意見などを調査して、その人の生き方、行動のしかたといったものを分析する「ライフスタイル分析」（⇩巻末）などの手法も開発されています。

さらに今日では、良いか悪いか、合うか合わないかよりも、好きか嫌いかで購買を決める「感性消費」（⇩巻末）などの傾向もあらわれているのです。市場細分化にあたっては、こうした様々な傾向を考慮しなければなりません。

細分化の基準は「ライフステージ」から「ライフスタイル」へ

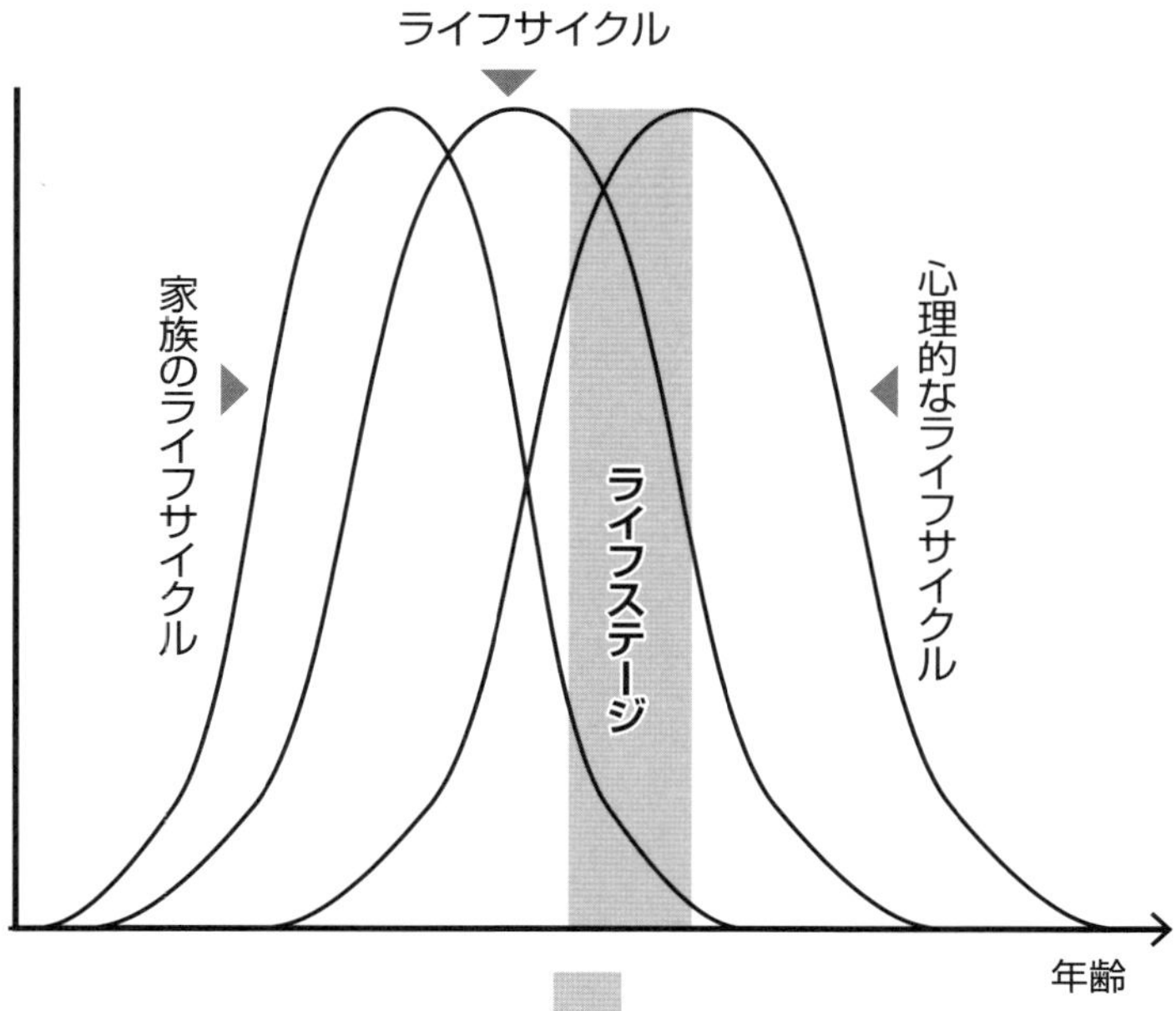

現代では、性別·年齢·職業など
デモグラフィック要素が以前ほど重要な
意味を持たない

**ライフステージより「ライフスタイル」など
サイコグラフィック要素が重要**

9 「標的市場」を選ぼう

的を絞ることを「ターゲティング」という

◉——市場細分化にも4つのレベルがある

高度経済成長期の日本市場などでは、マーケティングは相手を選ばず、すべての消費者にアプローチすることが主流でした。1つの製品を大量生産、大量流通、大量プロモーションする——このようなマーケティングを「マス・マーケティング」といいます。

しかし、消費者が多様化した現在、ほとんどの企業が必要としているのはマスの反対、「ミクロ・マーケティング」です。

ミクロ・マーケティングは、コトラーの分類によると4つのレベルがあります。

第1の「セグメント・マーケティング」は基本的な市場細分化による市場を対象にしますが、第2の「ニッチ・マーケティング」ではさらに細分化したサブセグメント（ニッチ）が対象です。ニッチは、1、2社しか参入できない、きわめて小さな市場になります。

一方、地域のニーズに特化する「地域マーケティング」もあり、さらに細分化を究極まで進めたのが、個人を対象とする「ワン・トゥ・ワン・マーケティング」などです。消費者が自分

「市場細分化」の4つのレベル

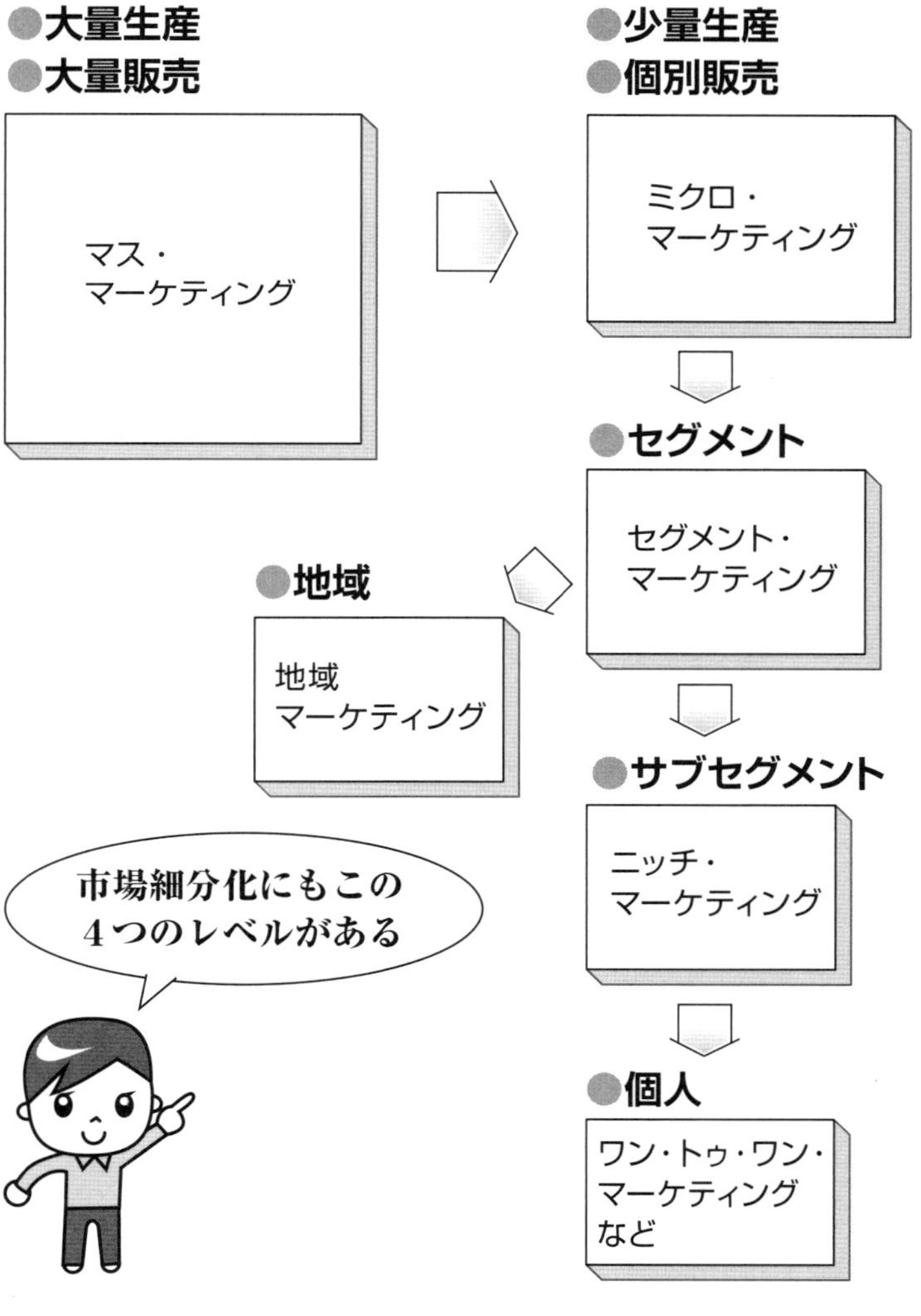
大量生産
大量販売
マス・
マーケティング
少量生産
個別販売
ミクロ・
マーケティング
セグメント
セグメント・
マーケティング
地域
地域
マーケティング
サブセグメント
ニッチ・
マーケティング
個人
ワン・トゥ・ワン・
マーケティング
など
市場細分化にもこの
4つのレベルがある

で、商品やサービスをカスタマイズできるようにする「カスタマリゼーション」などは、その代表例でしょう。

◉——「ターゲティング」には5つのパターンがある

市場を細分化して見た後、そのうちのどこを「標的市場」とするか選択することを「ターゲティング」といいます。ターゲティングにもいくつかのやり方がありますが、左に掲げたのはコトラーの分類による5つのパターンです。

「集中」では、1つのセグメントだけに集中してマーケティングを展開し、他のセグメントは無視します。**「選択的専門化」**も、ごく少数のセグメントだけに集中してマーケティングを展開するパターンです。この2つは、経営資源がより限られている、中小の企業で有効な「弱者の戦略」といえます（⇩P122）。

一方、中小企業でも、強力な1つの商品やサービスを有している場合などは、**「製品専門化」**を選択して、関連するいくつかのセグメントにマーケティングを展開することが可能です。逆に、関連するいくつかのセグメントに強力な販売網を有している場合などは、**「市場専門化」**が選択できます。

最後に、すべてのセグメントを対象とするのが**「フル・カバレッジ」**（⇩P104）ですが、これは経営資源が豊富な大企業だけが選択できる戦略でしょう。

「標的市場」の選び方5つのパターン

集中

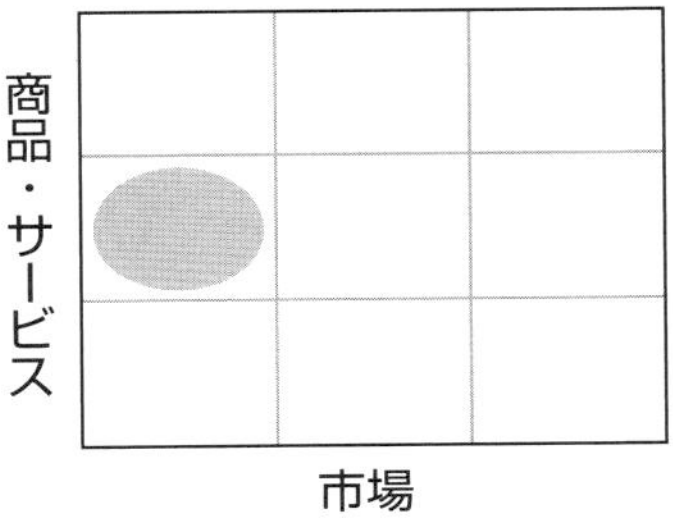

選択的専門化

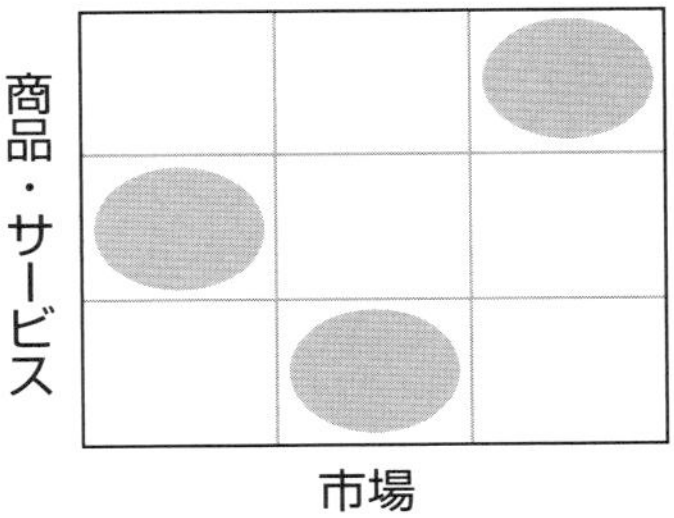

製品専門化

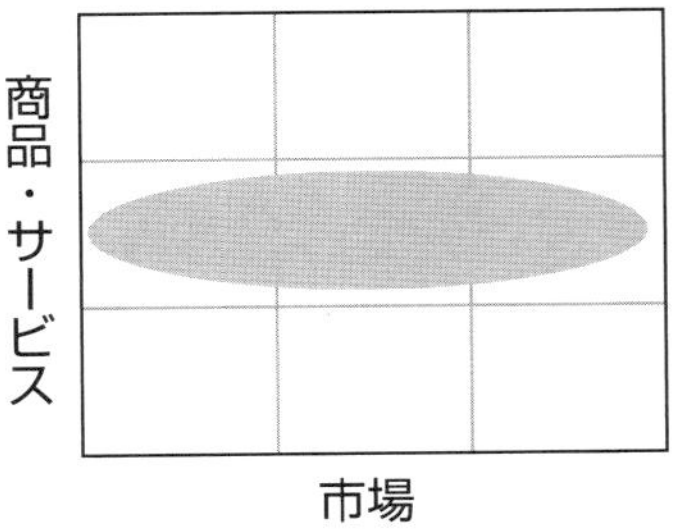

市場専門化

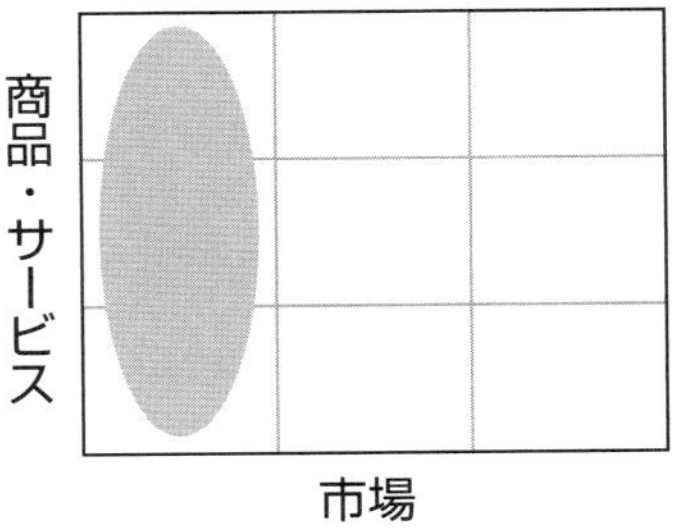

フル・カバレッジ

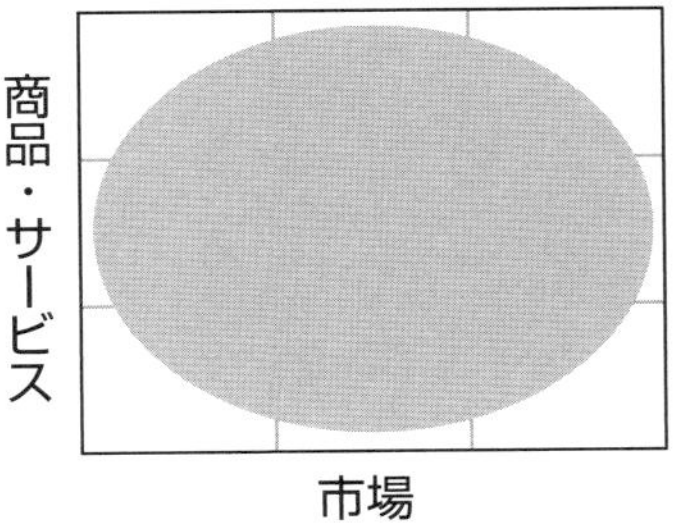

10 市場での〝位置決め〟をして差別化する

商品やサービスの「ポジショニング」とは？

◉――消費者の頭の中に一定のポジションを占める

標的とする市場に商品やサービスを投入しても、他社・他製品とまったく同じ製品・価格・流通・プロモーションで送り出したのでは、他社と市場を折半する結果になるだけです。たとえば**「いちばん安くてうまい」**とか**「他より高いけど品質が抜群に良い」**といった、他との違いを打ち出して、消費者に伝えなければなりません。

そのような違いが、消費者の頭の中で一定の位置を占めるようにすることを「ポジショニング」といいます。要するに「安くてうまいのは○○」「品質が良いのは△△」と、標的市場の消費者の頭の中に〝位置決め〟をするわけです。うまくポジションが定まると、消費者には、その商品やサービスがどんなベネフィット（⇩P68）をもたらすか、しっかり記憶されます。

◉――他との違いを明確にする「差別化戦略」

つまりポジショニングとは、標的市場の中で他との違いを明確にし、消費者に伝える「差別化戦略」といえます。

と言っても、品質や価格だけが差別化の方法ではありません。コトラーは、商品やサービスを差別化する手段には左のようなものがあると言っています。

品質・価格だけが「差別化」の方法ではない

製品による差別化
- 大きさ・形・構造
- 特徴
- 性能・品質　など

サービスによる差別化
- 注文の容易さ
- 配達のスピード
- 取付けサービス　など

スタッフによる差別化
- 販売員の技能と知識
- 礼儀正しさ
- 安心感・信頼性　など

チャネルによる差別化
- 入手のしやすさ
- 信頼できる代理店等
- 代理店の専門知識　など

イメージによる差別化
- 独自のアイデンティティ
- 良いイメージ
- ブランドの認知率　など

11 「ブランド」とはいったい何なのだろう

有名ブランドからノーブランドまで、ブランドもいろいろ

◉――高級ブランドだけが「ブランド」ではない

差別化戦略としては、「ブランド」も重要です。「ブランド」というと、シャネルやヴィトンのような高級ブランドを思い浮かべるかもしれませんが、それだけではありません。

たとえば、大手スーパーなどの流通業者が、自社で販売するための商品群につけたブランドを**「プライベート・ブランド」**といいます。それに対して、大手メーカーがつくって全国展開するような商品ブランドの総称が**「ナショナル・ブランド」**です。

プライベート・ブランドのなかには、スーパー西友のプライベート・ブランドから出発して独立、一部上場をはたした良品計画の「無印良品」ブランドのような例もあります。

その他、左のような「ノーブランド」「デザイナーズ・ブランド」といった分類も一般的です。ちなみに、無印良品の無印はノーブランドを和訳したものといわれています。

また、有名デザイナーによるものでも、別のブランド名で売り込むものを「キャラクター

「ナショナル・ブランド」と「プライベート・ブランド」

プライベート・（ハウス）ブランド 流通業者がつくるブランド イオン「トップバリュ」 セブン&アイ「セブンプレミアム」など	**ナショナル・ブランド** 大手メーカーがつくる全国展開のブランド Pasco「超熟」 明治「おいしい牛乳」など
デザイナーズ（キャラクターズ）・ブランド 主に有名デザイナーがデザインするブランド 「コムデギャルソン」 「プレイ・コムデギャルソン」など	**ノーブランド** 量販店などがブランドを付けずに一般名称で販売する製品

ズ・ブランド」といい、両者をまとめたのが「DCブランド」です。

◉──企業から製品まで、ブランドもいろいろある

ブランドは、どのようにしてつくられるのでしょうか。基本的なパターンとしては、左の図のように5つの階層があります。

第1の「**コーポレート・ブランド**」とは、それ自体がブランドの役割をはたす企業名です。「グーグル」「BMW」など、製品名以上に企業名が認知されているのが特徴になっています。

次の「**事業ブランド**」では、企業内の事業単位がブランドです。ファーストリテイリングの「ユニクロ（UNIQLO）」と「ジーユー（GU）」が事業ブランドの代表例でしょう。

一方、「**ファミリー・ブランド**」では、いくつかの製品カテゴリーにまたがって、ひとつのブランド名を統一的に付けます。化粧品ブランドの多くが、このファミリー・ブランド戦略で洗顔料、乳液、美容液などをまとめているのが、その例です。

反対に、中心となる製品から派生したバリエーションを、ひとつのブランドで統一すると「**製品群ブランド**」になります。例としては、日清食品の「カップヌードル」を中心として「カレー」「シーフード」など多様に展開した製品群がわかりやすいでしょう。

最後に、たったひとつの製品のブランドを「**製品ブランド**」といいます。製品がヒットするとすぐ製品群ブランドに展開したりするので、数は多くありませんが、ニッカウヰスキーの「シングルモルト余市・宮城峡」などが製品ブランドの例です。

ブランドの5つの階層

コーポレート（企業）ブランド
（例）「Google」「BMW」など

事業ブランド
（例）「UNIQLO」「GU」など

ファミリー・ブランド
（例）「植物物語」「キレイキレイ」など

製品群ブランド
（例）「サッポロ一番」「カップヌードル」など

製品ブランド
（例）サントリーウイスキー「ローヤル」
ニッカウヰスキー「シングルモルト余市・宮城峡」など

12 ブランド戦略の基本とは？

⬇「ブランド・ロイヤルティー」が高まれば会社の財産になる

◉──商品やサービスにブランドの力を与える「ブランディング」

アメリカ・マーケティング協会の定義から抜粋すると、ブランドとは「商品やサービスを識別させ、競合他社の商品やサービスから差別化するための名称、言葉、記号、シンボル、デザイン、あるいはそれらを組み合わせたもの」とされます。**ブランド戦略もまた、差別化戦略のひとつ**なのです。ブランド戦略として、一般的にあげられるのは左の4つです。

このような戦略を用いて、商品やサービスにブランドの力を与えることを「ブランディング」といいます。ブランドとなった商品やサービスは、購入した顧客が満足すれば、そのブランドを目印に再び買ってもらうことができるでしょう。

◉──ブランドは会社の財産＝「ブランド・エクイティー」

これが繰り返されると、顧客の中に「ブランド・ロイヤルティー」（⇩巻末）が生まれます。まるで忠誠を誓ったかのように、他の商品があっても、そのブランドを購入し続けるわけです。

ブランド・ロイヤルティーは、会社にとって財産となります。他のブランドにとっては参入障壁になるし、他のブランドより割高でも納得して購入してもらえるからです。このようなブランドの資産としての価値を「ブランド・エクイティー」（⇩巻末）といいます。

4つのブランド戦略

個別の製品ブランドで行く

サントリー「ローヤル」
ニッカ「シングルモルト余市・宮城峡」など

一つのファミリー・ブランドで行く

まるか食品「ペヤング ソースやきそば」
「ペヤング 激辛やきそば」など

いくつかの異なるファミリー・ブランドで行く

花王「ビオレ」
「キュレル」など

企業ブランドと組み合わせる

「Google Play」
「Apple Watch」など

ブランド戦略がうまく行くと「ブランド・ロイヤルティー」が生まれる

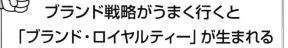

13 「5つの脅威」――市場での競争相手を知ろう

「ファイブ・フォース・モデル」の考え方

◉――5つの競争相手とは？

ブランドの定義の中に「競合他社の商品やサービスから差別化する」（⇩P96）とあるように、標的市場にはほとんどの場合、競合他社がいます。競合他社もまた、差別化戦略を立てブランド戦略を考えて、市場での競争となることでしょう。

しかし、市場での競争相手は競合他社だけではありません。もちろん、競合他社は最大のライバルですが、マーケティングの世界では会社の利益を争う競争相手が5つあるとされます。

左の図を見てください。第1の競争相手は、言うまでもなく現在、同じ業界内で争う競合業者です。たとえばカフェ業界の例でいえば、スターバックスに対するドトール、サンマルクカフェなどがあげられるでしょう。

第2に、新規参入業者の脅威があります。1996年、東京・銀座に第1号店をオープンしたスターバックスコーヒーは、2014年には全国に1000店舗以上を展開しています。1

962年設立のドトールコーヒーは、300店余りです。

第3は、代替品を提供する業者の存在。2013年にセブン-イレブンが始めた「セブンカフェ」は、コンビニでドリップコーヒーを買うという購買行動を当たり前のものにしました。

企業には5つの競争相手がいる

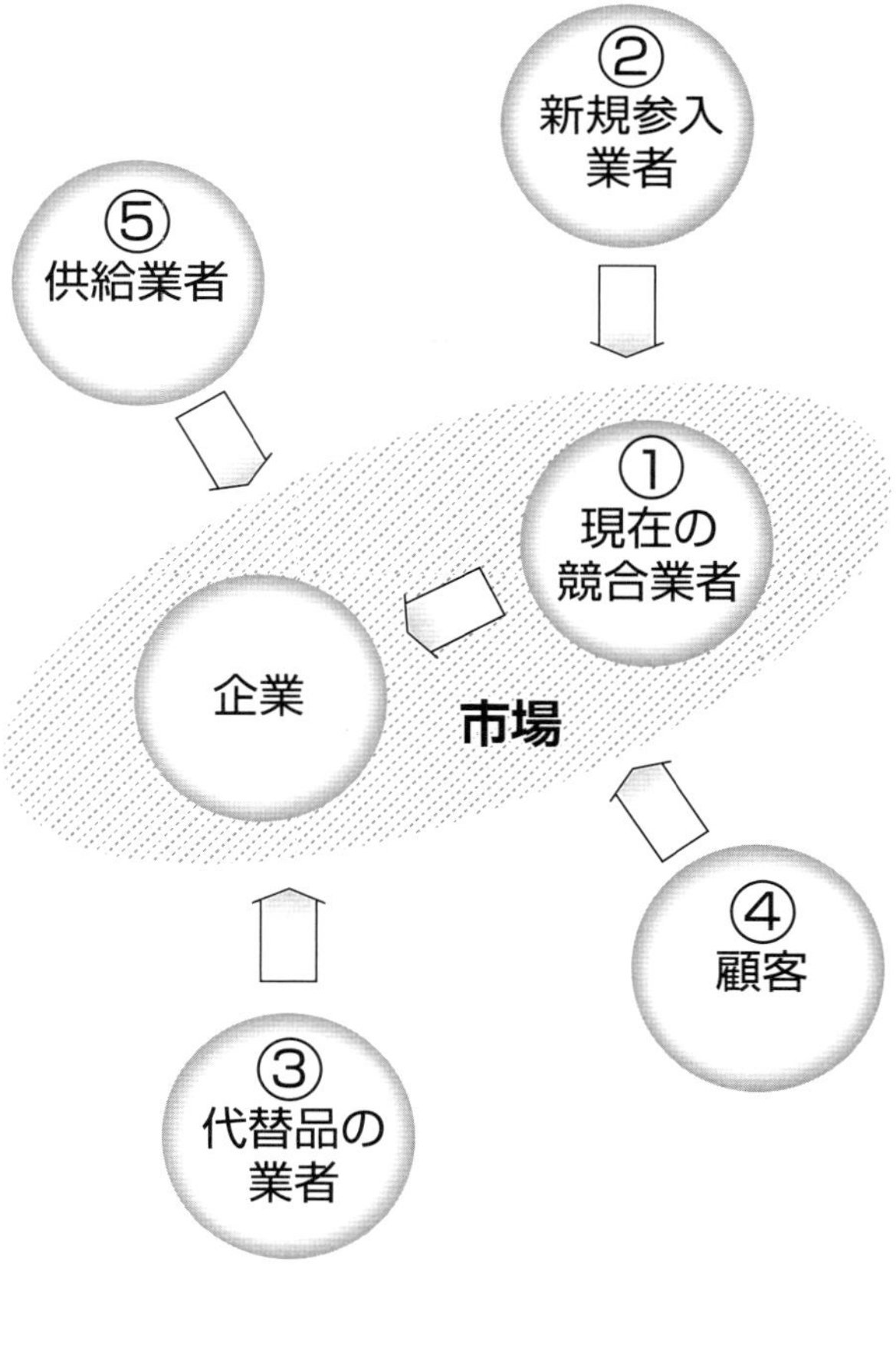

そして第4の競争相手は、意外かもしれませんが顧客などの買い手――正確に言えば買い手の交渉力です。ビジネス市場では、買い手が交渉によって価格を下げ、企業が得るはずの利益を奪うことがあります。

消費者市場ではあまりないことですが、それでも100円のコンビニカフェに慣れた消費者は、カフェ業界にとって大きな無言の圧力になっていることでしょう。

同様に仕入れ先などの供給業者、つまり売り手の交渉力も、仕入れ価格の値上げによって企業の利益を奪うことがあります。これが第5の競争相手です。

◉――5つの競争要因に整理すれば市場と業界構造がわかる

以上は、『競争の戦略』という本で有名なM・E・ポーターの「ファイブ・フォース・モデル」という理論のあらましです。もとは「5つの脅威」「5つの競争要因」という言葉で説明されていますが、競争相手と言い換えてよいでしょう。

ファイブ・フォース・モデルは、企業を取り巻く市場と業界の構造を分析するのに有効な方法です。左の図のような5つの競争要因ごとに、競争相手・交渉相手を書き出し、競争・交渉のポイントとともに表にする「ファイブ・フォース分析」の手法も開発されています。

5つの競争要因に分けて整理する

（カフェ業界の例）	（競争要因の名称）
① 現在の競合業者	業界内の競合他社の脅威
スターバックスに対するドトールなど	
② 新規参入業者	新規参入の脅威
ドトールに対するスターバックスなど	
③ 代替品の業者	代替品の脅威
「セブンカフェ」他のコンビニカフェなど	
④ 顧客	買い手の交渉力の脅威
100円のコンビニカフェに慣れた消費者など	
⑤ 供給業者	売り手の交渉力の脅威
仕入れ価格の値上げによる原価の上昇など	

5つの競争要因に分けて分析すれば
市場と業界の構造が理解できる

14 ポジションに応じた「競争戦略」の決め方

標的市場における競争上のポジションを考えてみる

◉──市場におけるシェアによって競争上のポジションを選ぶ

非常に特殊な商品やサービスでない限り、市場には必ず競合他社がいます。ライバルと同じ市場で戦うには、自社の競争上の〝ポジション〟をしっかり理解しておくことが大切です。

ポジションのわかりやすい分類として、コトラーはシェア（市場占有率）を基準としたものを紹介しています。**シェアが大きい順に、①マーケット・リーダー、②マーケット・チャレンジャー、③マーケット・フォロワー、またはマーケット・ニッチャー**と分け、競合他社との競争上の戦略──すなわち「競争戦略」を考えてみるものです。

一般に、リーダーはそのシェアの維持がマーケティングの目標になります。

一方、シェア2番手の企業は、チャレンジャーかフォロワーの戦略の選択が可能です。チャレンジャーを選択した場合には、リーダーに競争を仕掛け、自社のシェアを拡大する競争戦略が必要になります。

シェアから選ぶ企業の4つのポジション

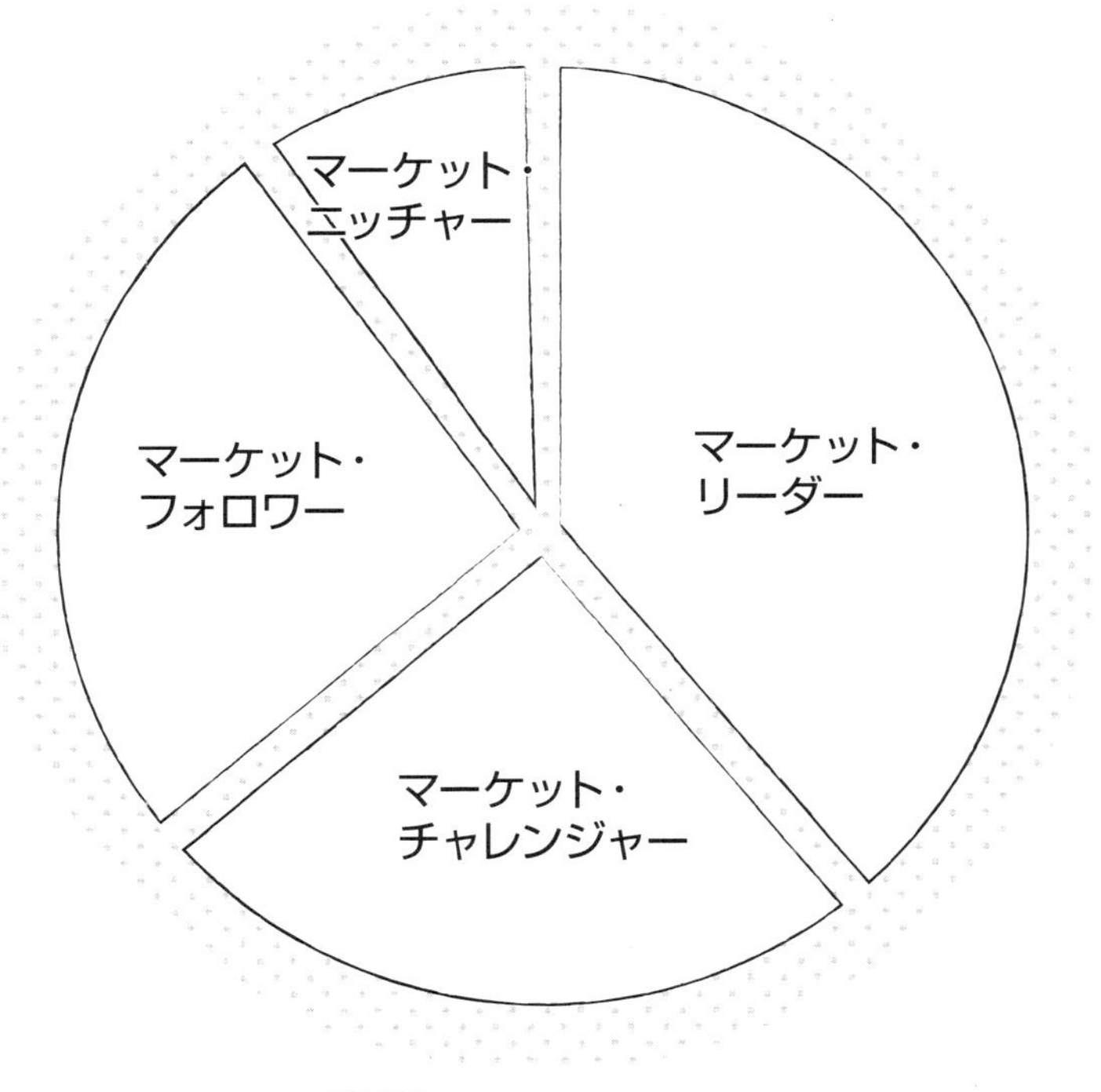

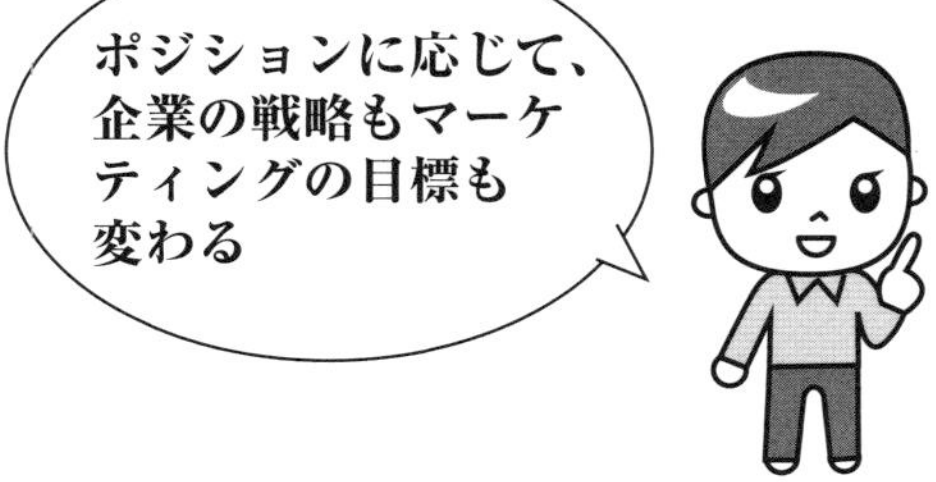

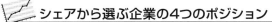

反対にフォロワーは、無理なシェア拡大を狙わず、業界の安定をはかりながら生き残るのが無難な戦略です。

ニッチャーは、フォロワーになる代わりにスキ間市場（ニッチ⇩P86）を狙って、ニッチでリーダーになる戦略をとります。市場全体から見るとシェアは小さくても、独自の地位を築くマーケティングが必要です。

◉——ポジションから標的市場の選択も考えられる

以上のようなポジションから、自社に適した標的市場（⇩P88）の選択を考えることもできます。

たとえば、リーダーやチャレンジャーの場合、細分化された複数のセグメントのかなり多数にマーケティングを展開することが可能です。とくに、リーダーは、すべてのセグメントをカバーする「フル・カバレッジ」も選択できるでしょう。

ただし、フル・カバレッジは必ずしも、マス・マーケティングを意味するものではありません。すべてのセグメントを押さえた上で、それぞれにセグメント・マーケティングを展開することも可能です。

これに対して、主としてフォロワーでは、いったん細分化を行なった後でいくつかのセグメ

競争上のポジション別、標的市場の選び方

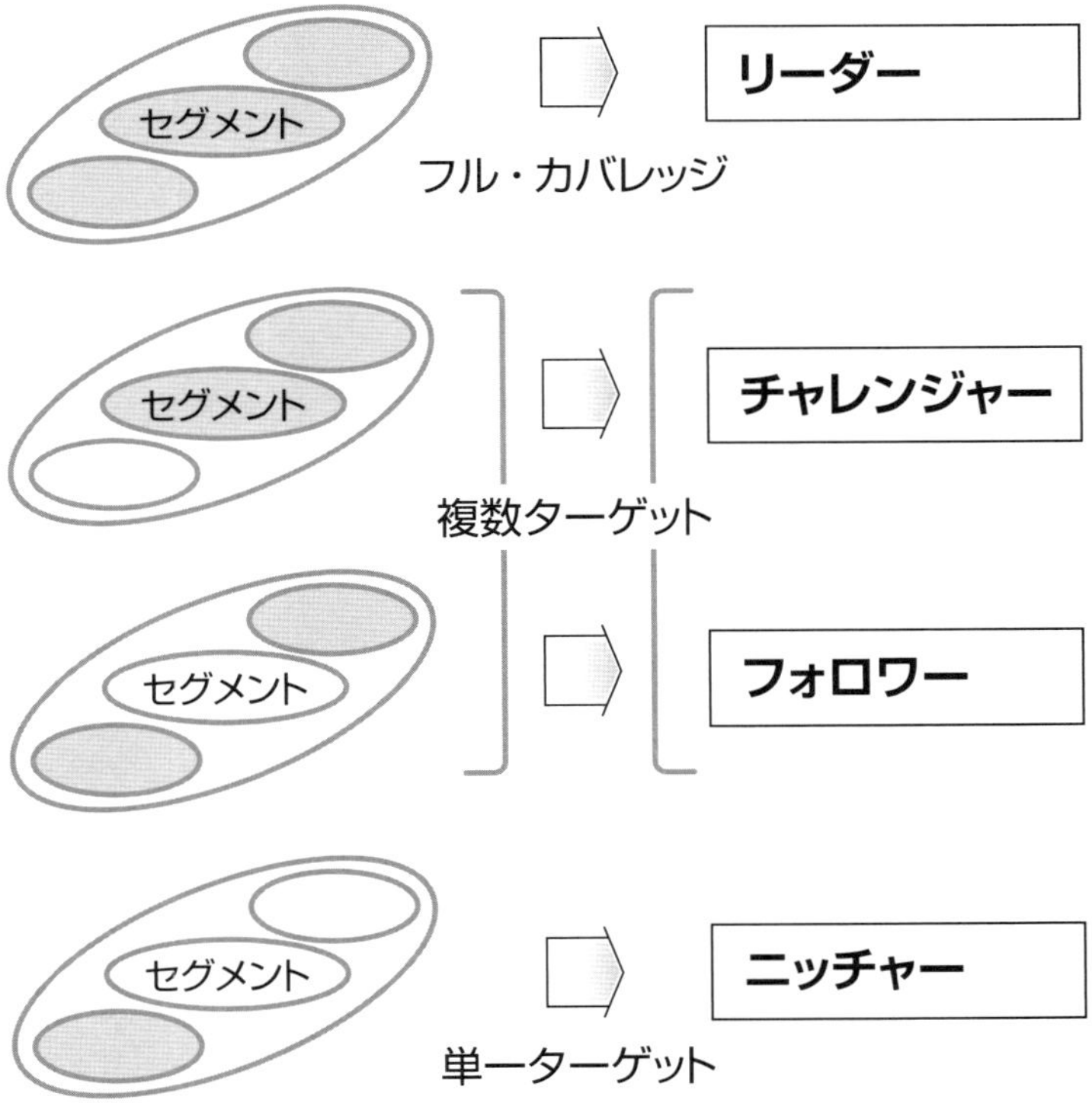

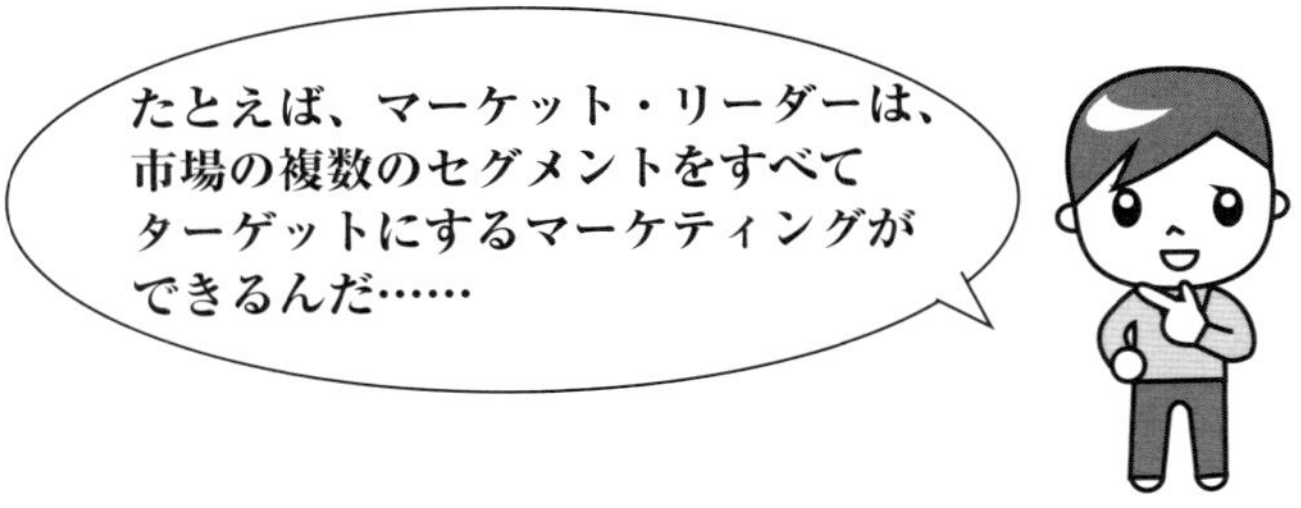

ントを選び、そのどれにも適するようなマーケティングを考える必要があります。標的市場の選び方としては、88ページで説明した「選択的専門化」「製品専門化」「市場専門化」のいずれかを選択することになるでしょう。

これがニッチャーとなると、ほとんど選択の余地なく単一ターゲットを狙う戦略になります。標的市場の選び方としては、1つかごく少数のセグメントに集中し、他には手を出さない「集中」です。

PART 3

「市場」をとらえて戦略を組み立てよう！

「マーケット＝市場」の動向を
しっかりと把握することが、
「売れる戦略」につながっていく。

1 市場における製品の位置づけを考えよう

「プロダクト・ポートフォリオ・マネジメント」の考え方

●製品のバランスを全社的に見てみよう

マーケティングは、突き詰めて言えば「何を」「誰に」「どのように」売れるようにするか、ということです。「何を」は製品、「どのように」は価格・流通・プロモーションということになりますが、ここで「誰に」をあらわすのが「市場」という言葉です。

ですから、**マーケティング戦略は「市場戦略」と呼ばれる**こともあります。

もっとも、市場に対する戦略はいちばん基本的なところでは、マーケティングの領域を超えて企業としての「経営戦略」（⇩P56）になってしまいます。この章では、マーケティング活動の上から見た市場の分析と、経営戦略について見ていきましょう。

まず左の図を見てください。通常、企業は複数の製品を生産・販売しているものです。そうすると、個別の製品戦略とは別に、全社的な経営資源の配分を考える必要が出てきます。つまり、複数の製品や事業分野を調整し、全体の利益と成長をはかることが求められるのです。

そのために開発されたのが、「プロダクト・ポートフォリオ・マネジメント」、略して「PPM」と呼ばれる手法です。PPMにもいくつかありますが、ここでは最も一般的な、アメリカのボストン・コンサルティング・グループによるもので説明します。

製品全体のバランスを見るPPM

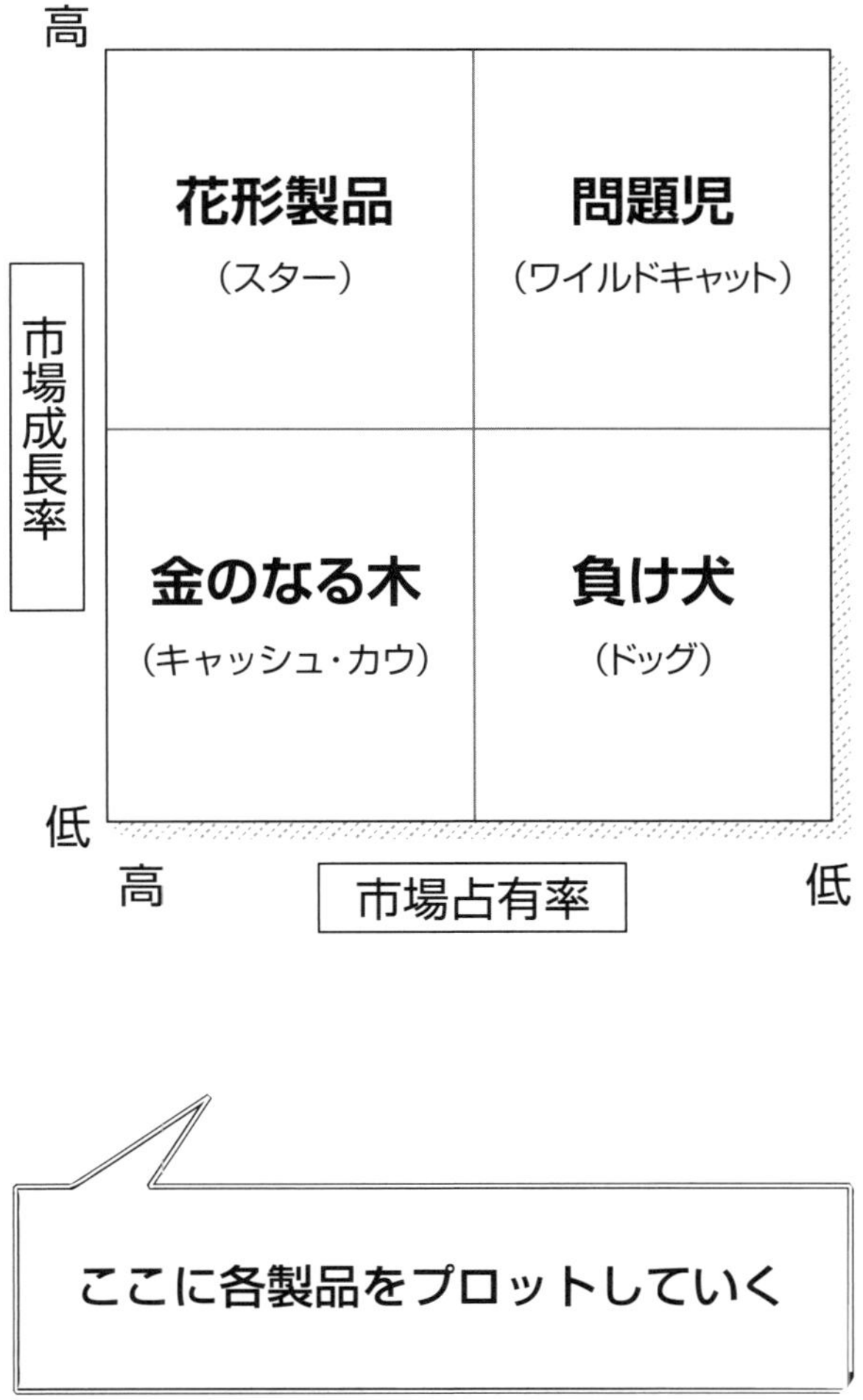

◉──製品ごとに特徴をつかもう

ＰＰＭではまず、前ページ図のようなマトリクスに自社製品をプロットします。縦軸は市場成長率、横軸は市場占有率（シェア）です。

４つのマスは次のような意味を持っています。

①花形製品（スター） 成長率、シェアともに高く、今いちばん売れている製品。儲けは大きいが、シェア維持のために資金もかかる。シェアが維持できれば「金のなる木」になるが、できないときは「問題児」になる。

②金のなる木（キャッシュ・カウ＝cow は乳牛のこと）成長率は鈍っているが、シェアは現在も高い。資金がかからないわりに儲けが大きく、製品全体の資金源になる。

③問題児（ワイルドキャット＝Problem childrenともいう）市場の成長率は高いが、シェアが低いために儲からない。市場の成長率が高い分、資金もかかる。

④負け犬（ドッグ） 成長率、シェアともに低い。当然、儲からないが、資金もかからない。

以上のような分類にもとづいて、各製品を左の図のようにプロットします。その上で、各製品がどんな状態にあるか、今後どんな戦略をとるかを検討するわけです。

製品ごとだけでなく、全体としてのバランスも考慮する必要があります。

PPMで各製品の戦略を検討する

花形製品 シェアを守りながら 市場成熟期に 「金のなる木」を目指す	**問題児** 資金をかけて 「花形製品」にするか 撤退するか
金のなる木 このままできるだけ 儲けを大きくする 戦略を考える	**負け犬** できるだけ儲けを 増やす戦略を 考えるか、撤退する

製品全体のバランスを見よう

2 製品と市場の組み合わせから考えてみよう

アンゾフの製品と市場の領域分類とは?

◉──「アンゾフの4つの戦略」

市場に対する戦略を考えるもうひとつのヒントとして、「経営戦略の父」と呼ばれたH・I・アンゾフのマトリクス──「製品と市場の領域分類」がよく知られています。

これは左の図のように、製品（何を）と市場（誰に）をそれぞれ、「既存」と「新しい」に分類し、その組み合わせから4つの戦略を考えるものです。

◉──製品と市場の組み合わせから考えてみると……

たとえば、今ある製品と現在の市場で勝とうとすれば、積極的に売上げを増やす方策をとるしかありません。それには、顧客の購入回数と量を増やす、競争相手の顧客を奪う、新しい顧客を獲得する、などが考えられますが、これらを「市場浸透」戦略といいます。

また現在の市場に対して、新製品を投入すれば「製品開発」戦略、逆に今ある製品を新しい、別の市場に投入して売上げを増やそうとするのが「市場開拓」戦略です（以下次項に続く）。

アンゾフの製品と市場の領域分類

	既存製品	新しい製品
既存市場	「市場浸透」戦略	「製品開発」戦略
新しい市場	「市場開拓」戦略	「多角化」戦略

既存の製品、既存の市場をベースにすると「市場浸透」「製品開発」「市場開拓」の戦略が導き出される

3 「統合」するか、「多角化」するか

「集中的成長」「統合的成長」「多角的成長」とは?

◉——事業の「統合」でも企業は成長できる

前項の既存の製品、既存の市場をベースにした戦略を**「集中的成長」**と呼びます。

しかし、事業の成長戦略はそれだけではありません。たとえば、同じ分野の他社と事業を統合することで、成長をはかる戦略もあるでしょう。それが**「統合的成長」**戦略です。

製品メーカーが部品メーカーを支配下に入れるなど、供給を担ってきた他社との統合を「後方統合」、逆に原材料を供給している企業が加工を手掛けたりするのを「前方統合」といいます。そして、いざとなったら競合他社の事業を統合してしまうのが「水平統合」です。

◉——「多角化」は新しい製品を新しい市場に投入する戦略

一方、新しい製品を開発した上で、それを新しい市場で販売しようというのが前ページ図右下の「多角化」戦略、すなわち**「多角的成長」**です。つまり、まったく未知の分野に乗り出すわけですが、これにも既存の製品や市場と関連を持たせる戦略があります。

既存の製品とある程度の共通点を持たせるのが「同心円的多角化」戦略、既存の市場にも訴求できる新製品を投入するのが「水平的多角化」戦略です。まったく関連のない事業に進出するのは「コングロマリット的多角化」戦略といいます。

事業を成長させるための3つの「成長戦略」

集中的成長 ⇨ アンゾフのマトリクスの
「市場浸透」戦略
「製品開発」戦略
「市場開拓」戦略　など

統合的成長 ⇨ 供給元と統合する
「後方統合」
供給先と統合する
「前方統合」
競合他社と統合する
「水平統合」　など

多角的成長 ⇨ アンゾフのマトリクスの
「多角化」戦略
「同心円的多角化」戦略
「水平的多角化」戦略
「コングロマリット的
多角化」戦略　など

既存の製品、市場だけではない
「統合」や「多角化」の「成長戦略」もある

4 「外部環境分析」「内部環境分析」とは？

「SWOT分析」の考え方

◉——外部の機会・脅威、内部の強み・弱みを分析する

ＰＰＭやアンゾフのマトリクスで様々な戦略が導き出されたとして、具体的な事業の戦略はどう選択すればよいでしょうか。

そのためには、事業を取り巻く環境を分析する必要があります。まず、**「機会」と「脅威」とを見極めるのが「外部環境分析」**です。マーケティングの機会とは、要するに事業で利益を上げられるような分野があるかどうかということ。一方、脅威とは売上げや利益を下げるような、事業にとって不利な外部のトレンドや変化を指します。

外部環境分析で「利益を上げられる機会がある」と分析できても、自分たちの事業でそれを活かせるとは限りません。内部環境の「強み」と「弱み」を分析して、機会を活用できるか検討する必要があります。

自社にとって有利な内部的要素を「強み」、不利な内部的要素を「弱み」として分析するのが「内部環境分析」です。

「外部環境分析」「内部環境分析」から「SWOT分析」へ

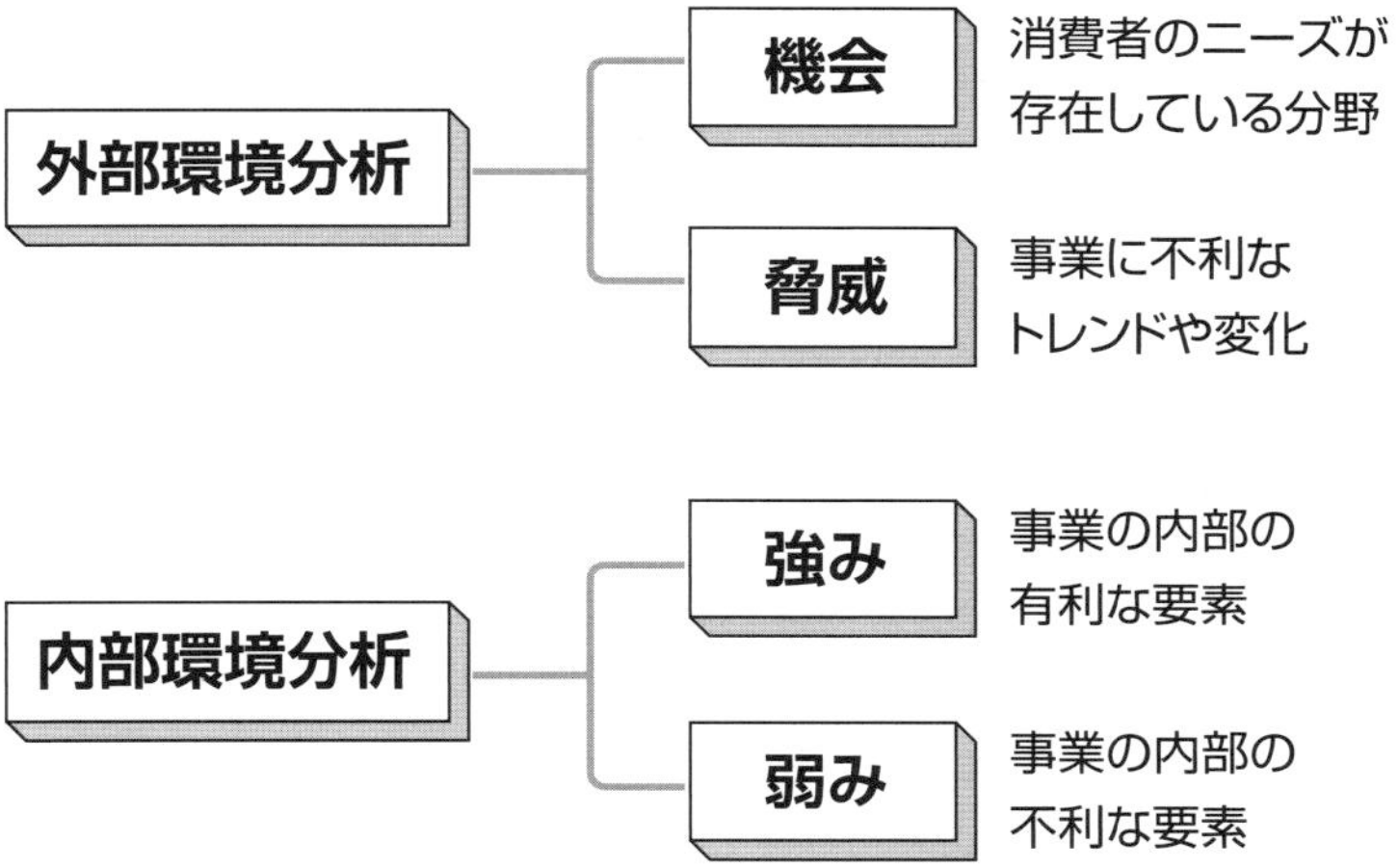

	好影響	悪影響
内部環境	強み (S) trength	弱み (W) eakness
外部環境	機会 (O) pportunity	脅威 (T) hreat

◉──環境と影響の組み合わせからリストアップする

機会・脅威、強み・弱みを見極めるには、前ページ図下のような表をつくります。そして、内部環境・外部環境それぞれについて、「好影響」「悪影響」をチェックしていくのです。

たとえば、事業に好影響を与える外部環境は「景気が回復しつつある」、逆に悪影響を与える内部環境は「製造の人手が不足している」などとリストアップしていけるでしょう。

◉──マトリクスで導き出される4つの戦略とは？

この分析手法は、強み・弱み、機会・脅威の頭文字をとって、**「SWOT（スウォット）分析」**と呼ばれていますが、それぞれをマトリクスで組み合わせる**「クロスSWOT分析」**を行なうと、左の図のような4つの戦略が導き出されます。

まず、自社の「強み」の分野に「機会」が訪れたときは「積極的攻勢」戦略、「弱み」の分野に「脅威」が発生したときは「専守防衛または撤退」戦略をとる以外にありません。

しかし、「強み」の分野で「脅威」が発生したときは、自社の強みを活かして脅威に対抗する「差別化」戦略（⇩P90）を検討する必要があります。

また、「弱み」の分野で「機会」が発生したときは、自社の弱点をカバーしながら機会をうかがう余地があるはずです。これはいわば持久戦ですから、少しずつ方策を講じていく「段階的施策」戦略となります。

「クロスSWOT分析」から導き出される4つの戦略

クロスSWOT分析

	Ⓞ 機会	Ⓣ 脅威
Ⓢ 強み	「積極的攻勢」戦略	「差別化」戦略
Ⓦ 弱み	「段階的施策」戦略	「専守防衛または撤退」戦略

5 すべての出発点になる「3つの基本戦略」

戦略を考えるときはまずこれを思い出そう

◉『競争の戦略』の著者が提案したこととは?

いろいろな○○戦略の話が続くと、どの戦略をとればよいのか、わけがわからなくなるかもしれません。そのようなときに思い出したい「3つの基本戦略」があります。『競争の戦略』の著者M・E・ポーターが戦略を考える際の出発点として整理・提案したものです。

◉迷ったりわからなくなったときにも思い出したい基本戦略

基本戦略の第1は、ひと言でいえば「低コスト、低価格でシェアを押さえる」。当たり前のようですが、これが基本中の基本です。これができるなら、他の戦略もマーケティングも、あまり考える必要はありません。ただし、もっと低価格の海外製品などが登場した場合など、すぐには対応できず大きなダメージを受けることがあります。

第2の基本戦略は、これも基本中の基本「差別化」。この戦略をとる場合は、マーケティングを活かして、事業の強みを育てていくことが重要になります。

そして第3の基本戦略が「集中」（⇩P88）。マーケティングを最大限活用する基本戦略です。

このように、ポーターが提案する基本戦略は、どれも基本中の基本といえます。覚えておいて、迷ったりわからなくなったりしたときにも思い出したいものです。

いつでも覚えておきたい「3つの基本戦略」

基本戦略①
全体的コスト・リーダーシップ

コストを低減して
低い価格を設定し
大きな市場シェアをとる

基本戦略②
差別化

大きなニーズのある市場で
よそにないポジションを
確立し、その強みを育てる

基本戦略③
集中

狭いセグメントの市場に
集中して、その市場で
コスト・リーダーシップか
差別化の戦略をとる

基本中の基本として覚えておいて
戦略を考える際にまず、思い出そう

6 大企業にも対抗できる「弱者の戦略」

小さい会社でもこの戦略なら戦える

●──強大な相手と戦う戦略をまとめた「ランチェスターの法則」

前項の基本戦略の第1「低コスト、低価格、大シェア」について、「大企業じゃないとできないよ」と感じた人が多かったのではないでしょうか。たしかに、経営資源の乏しい中小の企業は、「差別化」や「集中」の戦略を選択するしかありません。

このような、強大な競争相手にも立ち向かえる戦略をまとめたものに**「ランチェスターの法則」**があります。イギリスの航空技術者、F・W・ランチェスターが第1次大戦中の空中戦を分析して、どうすれば戦いに勝てるかをまとめたものです。

1950年代から日本でも経営戦略として応用され、「ランチェスター戦略」「ランチェスター経営」などと呼ばれています。

●──弱者の戦略5つのポイント

ランチェスターの法則の中で、「弱者の戦略」としてまとめられているポイントが左の5つです。もちろん「集中」も含まれていますが、他にもターゲット市場やニッチ・マーケティングなど、マーケティングの考え方と共通するものが多いことがわかるでしょう。

強い競争相手と戦わなければならないときのために、覚えておきたいものです。

「弱者の戦略」が教える5つのポイント

- **局地戦**：狭い市場で戦う　標的市場を選ぶ
- **一騎打ち**：競争相手の少ない市場で戦う　ニッチ・マーケティング
- **接近戦**：消費者の近くで戦う　広告よりも人的販売など
- **一点集中**：経営資源を集中させる　単一セグメントへの「集中」
- **陽動作戦**：戦略を知られない　など

覚えておいて、大企業など
強い競争相手と戦うときに思い出そう

7 「マーケティング・リサーチ」のやり方は？

データを集める方法を知っておこう

◉──実地調査をするか、公表データで済ませるか

適切な戦略を選択するには、正確な情報が重要です。と言っても「マーケティング・リサーチ」だけが情報の入手方法ではありません。P・コトラーによると、「マーケティング情報システム」には**「社内記録」「マーケティング・インテリジェンス活動」「マーケティング・リサーチ」の3つ**があります。

「社内記録」とは、社内の売上げデータや顧客情報などのことです。これらを分析するだけでも、戦略を立案するのに必要な基礎データが収集できます。

一方「マーケティング・インテリジェンス活動」とは、戦略立案に役立つ情報収集活動のこと。たとえば本や新聞、ウェブなどからは、様々な情報が得られます。また、顧客や取引先、社内担当者などの話から情報収集ができることもあるでしょう。

また最近は、インターネット上の情報が充実していて、専門家による調査の結果や、官公庁の統計データも手に入ります。これらの「2次データ」（⇩P126）も収集の対象です。

マーケティング・リサーチの方法

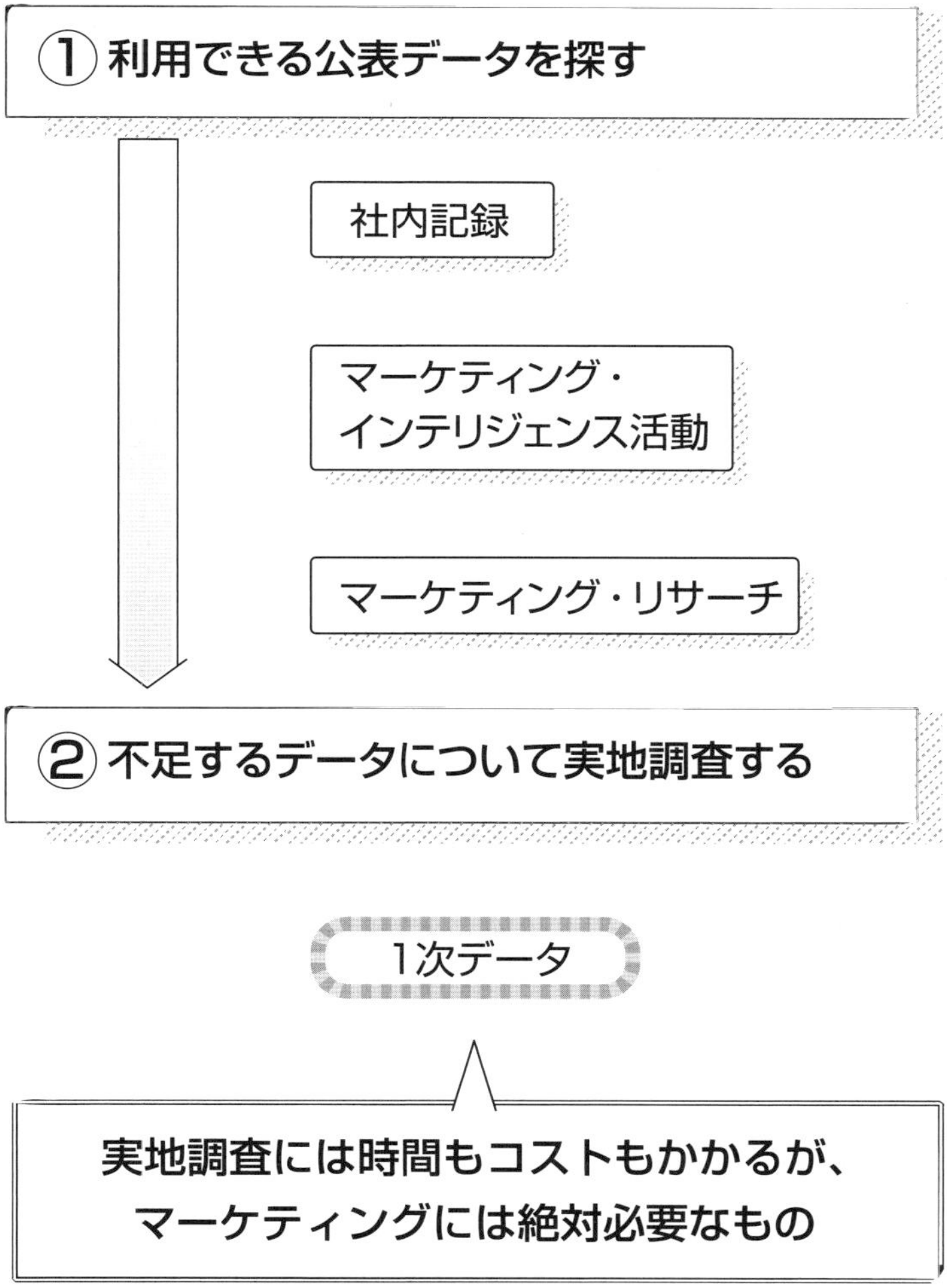

◉——マーケティング・リサーチの手順と方法は?

つまり、マーケティングに必要なデータの収集方法は、大きく分けると、公表されたデータを利用する場合と、自社や業者に委託して実地調査をする場合の2つがあるわけです。

通常は、情報の収集に時間とコストがかかるので、まず公表された「2次データ」で適切なものを探し、不足するデータについて自分たちで「1次データ」の収集にあたります。

公表データでは足りず、実地調査を行なう場合に「マーケティング・リサーチ」を行なうわけですが、これはきちんとした統計調査でなければなりません。マーケティング・リサーチの手順(⇩巻末)にそって、まず調査目的を明確にし調査計画を立てる必要があります。

統計調査ですから、全体(母集団)から調査対象(サンプル)をどう抽出するか、「サンプリング」の計画を立てることも必要です。

具体的な情報収集には、左の図のような手法があります。調査方法によっては、質問票によるのか機械装置によるのか、調査手段を選択しなければなりません。また調査対象とのコンタクトの方法も、郵便・電話・対面・オンラインなどの違いがあります。

このように、**実際のマーケティング・リサーチには綿密な計画と、専門的な知識が要求されます**。ですから、リサーチの専門部署でない限りは、外部の機関などに依頼するのが通常ですが、そのためにも手順や方法を知っておくのは大切なことです。

調査手法・調査手段・コンタクト方法のいろいろ

調査手法

●観察調査

来店した顧客など調査対象の人と環境や、競合他社の商品やサービスを観察する

●フォーカス・グループ調査

特定のグループに討論をしてもらう

●サーベイ調査

質問票やインターネットのアンケートで直接、質問に答えてもらう実態調査

●行動データ

顧客の取引履歴などの分析。本当の購買行動が反映されていることが多い

●実験調査

同じサービスを価格を変えて提供するなどテスト販売等を行なって実験する

調査手段

質問票　質的調査　機械装置調査　など

コンタクト方法

郵送質問票　電話インタビュー

対面インタビュー　オンライン・インタビュー　など

8 「マクロ環境」のトレンドを見極めよう

世の中の大きな流れに逆らって成功はない

●──会社がコントロールできない「マクロ環境」

実は「マーケティングの4P」（⇩P40）には、もともと外側がありました。アメリカのマーケティング学者E・J・マッカーシーが最初に発表したときには、左のようなものだったのです。図の外側の輪は、企業がコントロールできない環境の要因をあらわしています。そして、環境の変化に適応し、顧客との間をつなぐのがマーケティングだというわけです。

この、企業がコントロールできない要因を「マクロ環境」といいます。マクロ環境も様々なとらえ方がありますが、図に示した6つの要因はP・コトラーによるものです。

●──「トレンドに乗る」ことが成功につながる

企業の外部環境には「マクロ環境」と「ミクロ環境」があります。ミクロ環境は、顧客、競合他社、流通業者、供給業者などです。このマクロ環境とミクロ環境の要因の分析の上で、機会と脅威を見極めるのが「外部環境分析」（⇩P116）なのです。

企業がコントロールできない「マクロ環境」

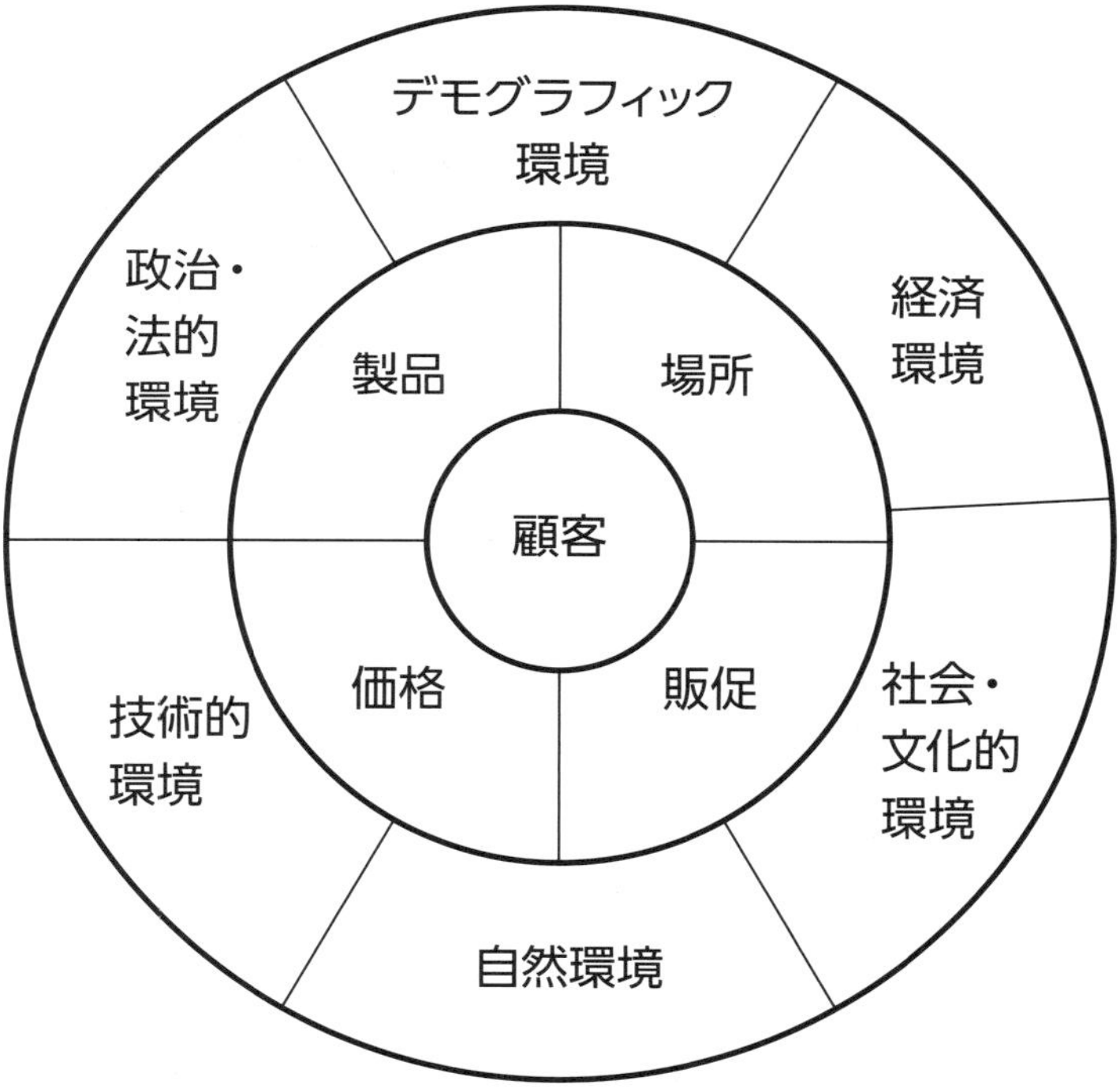

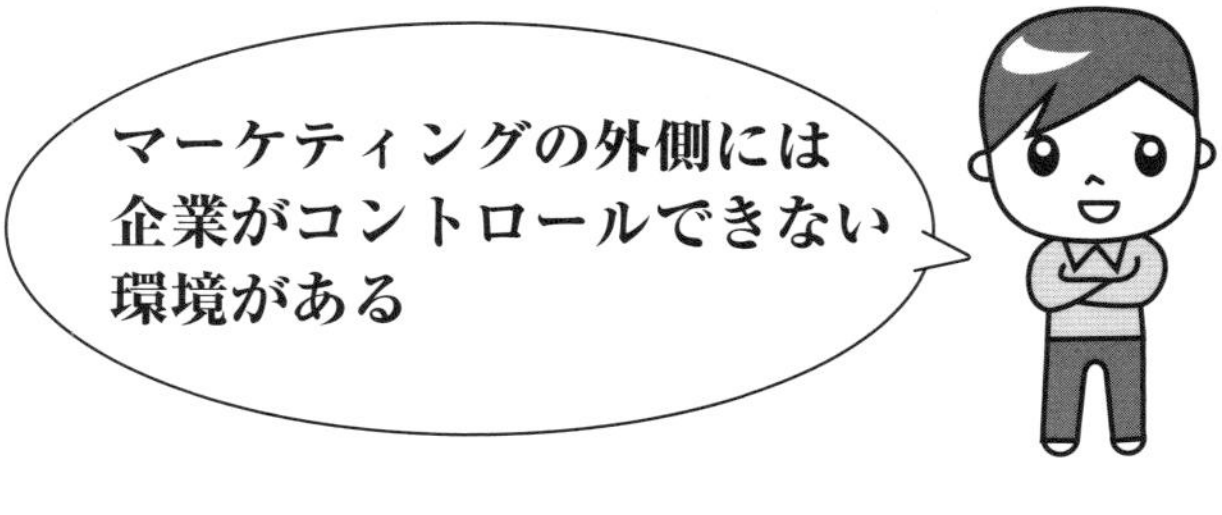

では、マクロ環境の要因とはどういうものでしょう。まず、「デモグラフィック（人口統計学的）環境」があります。これは、人口や年齢構成、それらの推移などです。「経済環境」は、消費者の購買力に影響する所得の水準や分布、貯蓄・負債・信用度など。「社会・文化的環境」は、時代とともに変化する価値観・世界観・サブカルチャーなどです。「自然環境」は、環境の悪化や資源・エネルギーの不足、コスト上昇など。「技術的環境」は主に、加速する技術革新によるビジネスや生活の変化。「政治・法的環境」はビジネスを規制する法律と、消費者・社会的弱者（女性・高齢者・マイノリティーなど）の権利を守る運動などです。

こうした**マクロ環境の変化、世の中の流れ――トレンドを見極め、それに乗ることが新製品やマーケティング戦略の成功につながる**のです。

ちなみにコトラーは、世の中の流れには2種類あると言っています。ファッションの流行など、短期的で重要性が低い流れは「ファッド」。持続的・連続的で、勢いがある大きな流れが「トレンド」です。適切な戦略を選択し、有望な市場をとらえるためには、マクロ環境の「トレンド」を見極めることが最も重要になります。

PART 4

「製品戦略」のポイントとは何か？

ヒットする商品の条件や、
新製品開発のポイントなど、
製品戦略の考え方について、
基本を押さえておこう。

1 「製品」「製品戦略」とは何だろう

⬇「5つの製品レベル」を考えてみよう

◉——「製品」は10種類ある

製品戦略はマーケティングの4P（⇩P40）のスタート地点であり、マーケティング・ミックスのかなめの位置にあります。

「製品」と聞くとつい、工業製品を思い浮かべてしまいますが、それだけではありません。「マーケティングの神様」P・コトラーは、マーケティングの対象になる製品には左の図の10種類があると言っています。

このことは、実はとても重要です。たとえば、芸能人（人）のマネージャーとか、過疎化に対抗して新住民の移住を促進している地域（場所）の自治体職員の方などにも、マーケティングが必要なものであることがわかるでしょう。

◉——顧客が製品を判断する3つの要素とは？

では、「製品戦略」とはどのようなものでしょう。顧客は、左の図の三角形で示された3つ

「製品」「製品戦略」とは？

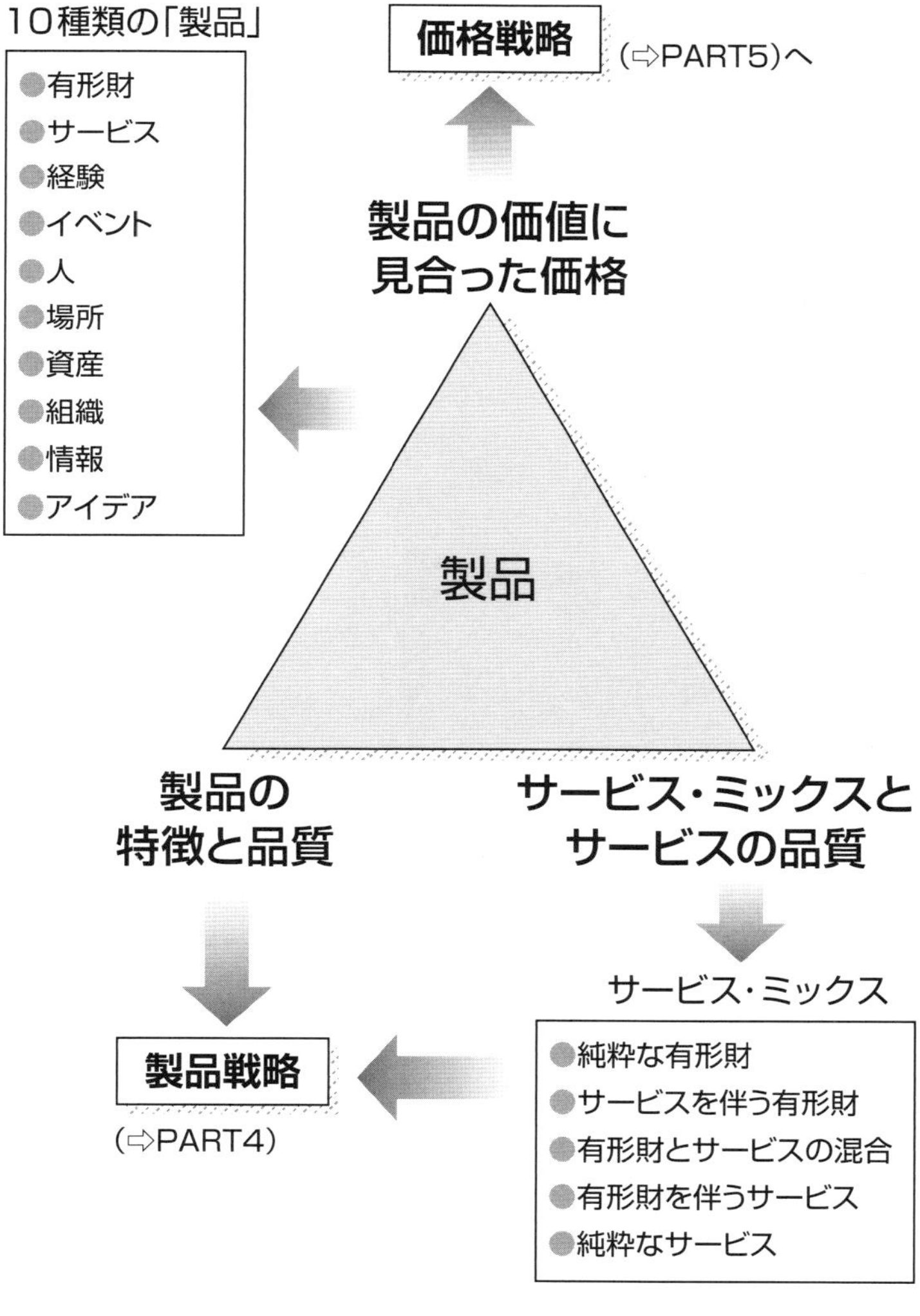
10種類の「製品」
●有形財
●サービス
●経験
●イベント
●人
●場所
●資産
●組織
●情報
●アイデア
価格戦略
（⇨PART5）へ
製品の価値に見合った価格
製品
製品の特徴と品質
サービス・ミックスとサービスの品質
サービス・ミックス
●純粋な有形財
●サービスを伴う有形財
●有形財とサービスの混合
●有形財を伴うサービス
●純粋なサービス
製品戦略
（⇨PART4）

の要素で製品を判断しています。**「サービス・ミックス」が含まれるのは、形のある製品（有形財）と形のないサービスが、様々な割合で混合している**製品が実際には多いからです。たとえば野菜は「純粋な有形財」ですが、調理して弁当に入ると「サービスを伴う有形財」になります。レストランで供されれば、「有形財とサービスの混合」でしょう。

3つの要素のうち、価格・価格戦略については次の章で扱います。

◉——製品戦略は「5つの製品レベル」で考えよう

コトラーはまた、製品について5つの「製品レベル」を考えるべきだとしています。

まず、顧客のニーズを満たすだけの「中核ベネフィット」。住まいでいえば〝雨露をしのげる〟というレベルでしょうか。

ここに電気・ガス・水道など、基本的なものが付くと「基本製品」。さらに、顧客が通常期待する程度のレベル——冷暖房や、ある程度の防音性などが備わると「期待製品」となります。

その顧客の期待を上回って、太陽光発電や地震に強い耐震構造まで備えているのが「膨張製品」レベルです。日本のような先進国では、製品間の競争はこのレベルで行なわれています。

しかし、膨張製品レベルの製品もいずれ広く普及し、期待製品レベルになってしまうものです。そこで、外出先から家電を操作できるなど、さらに期待を上回るレベルを探し続けなければなりません。これが「潜在製品」レベルなのです。

製品戦略については、このような製品のレベルを考える必要があります。品質が良いというだけでなく、膨張製品レベルの品質になっているか、と一歩進めて考えることが大切です。

さらに、もっと顧客の期待を上回れないか、潜在製品レベルを追求できるとベストでしょう。

5つの「製品レベル」

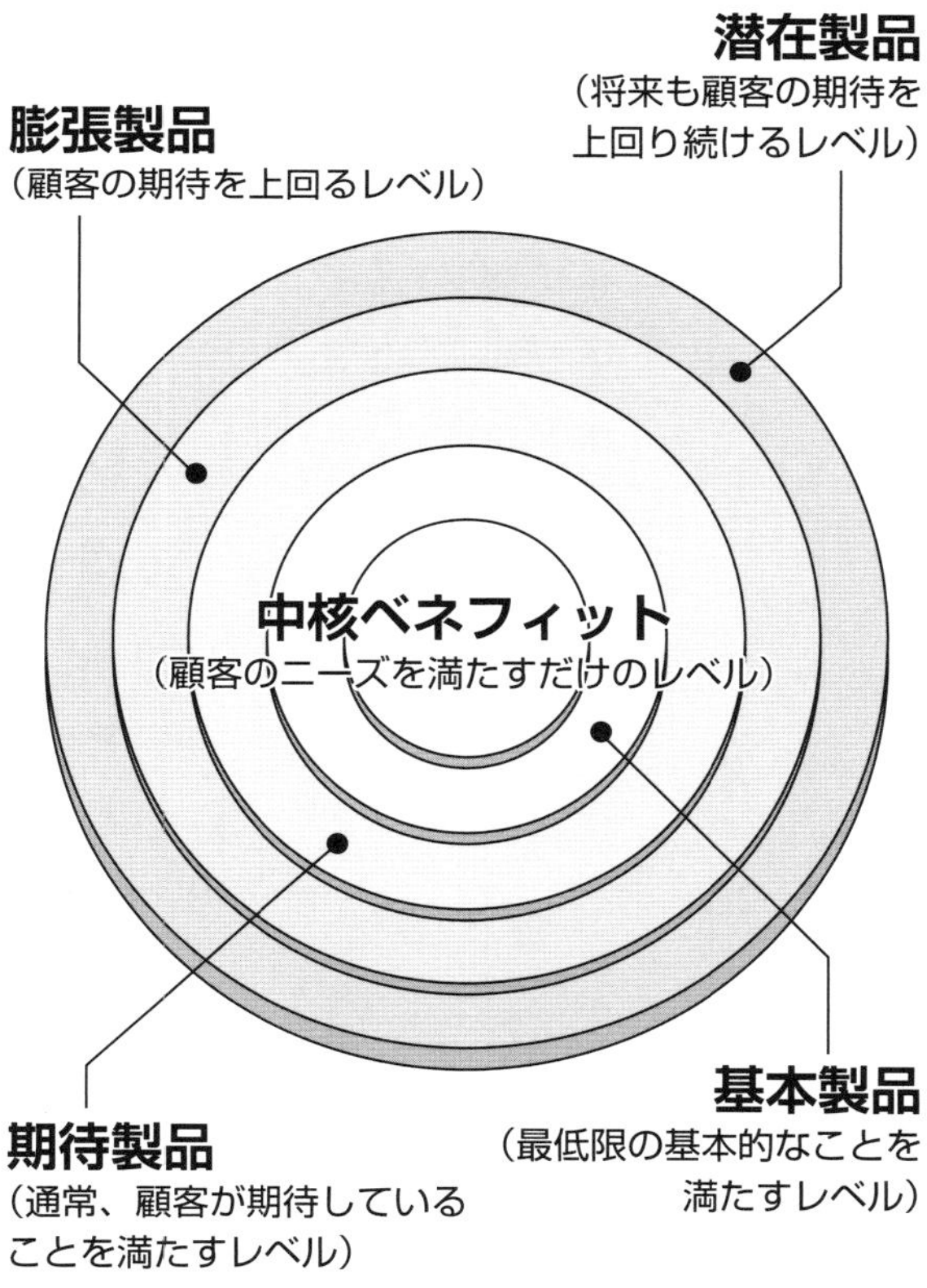

中核ベネフィットから基本製品、期待製品、膨張製品、潜在製品とレベルが上がるほど価値も上がる

2 「製品」はどのように〝分類〟されるのか？

最寄品・買回品・専門品――に分類される

●――最寄りの店で購入される「最寄品」

マーケティングでは、実務的な必要から「製品」というものをいくつかに分類して考えることがあります。いろいろな分類の方法がありますが、**最も一般的なのは、M・T・コープランドという人による左の3分類**です。これは、販売やマーケティングの現場でも会話に登場することが多いので、覚えておくとよいでしょう。

まず、「最寄（もより）品」というのは、消費者が特別な努力をせず、計画的に買われることの少ない製品です。一般に単価は低くなりますが、頻繁に購入されます。

英語では「コンビニエンス・グッズ」といいます。

●――ショッピングで買われる「買回品」

次に「買回（かいまわり）品」は、消費者がいくつかの店を回って比較検討した上で買う製品をいいます。ショッピングをするので、英語では「ショッピング・グッズ」です。

購買行動による分類

最寄品　「最寄り」の店で買うもの

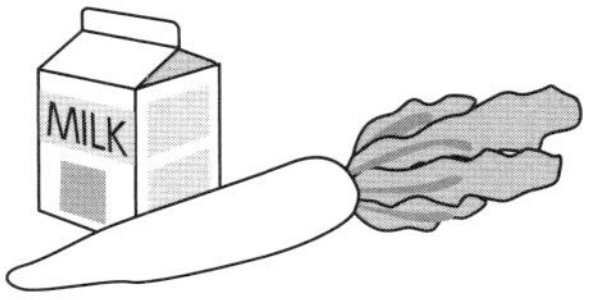

食品、日用品、生活雑貨、雑誌　など

買回品　製品を比較して買うもの

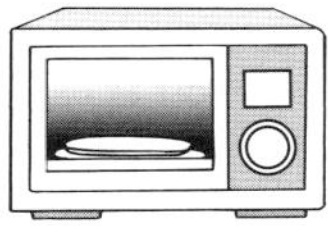

衣料品、家具、家電製品　など

専門品　買うための努力を惜しまないもの

高級ブランド服、高級アクセサリー、高級カメラ　など

価格や購入頻度は中程度ですが、品質と価格のバランスが問われます。

◉——専門店に出向くことも厭わない「専門品」

3つ目の「専門品」（スペシャリティ・グッズ）は、その製品を買うために消費者がわざわざ出向くような製品のことです。一般に製品単価は高く、いわゆる「専門店」で購入されることが多くなります。

高級ブランド品がその代表格ですが、一般的な製品でも専門品としての競争力を高めるために、ブランドを確立することが効果的とされます。

◉——物理的特性や使用目的で分類してみると……

製品の分類としては以上の他に、物理的特性によって「耐久財」「非耐久財」「サービス」の3つに分ける考え方、使用目的によって「消費財」「生産財」の2つに分類する考え方も一般的です。

ちなみに、**「最寄品」「買回品」「専門品」の3分類は、使用目的でいえば消費財にあたるものの分類方法**です。生産財では、生産プロセスで分類して「材料・部品」「資本財」「備品・サービス」の3分類などが使われます。生産財のマーケティングは、専門知識を持った販売員が不可欠ですし、消費財とは大きく違ったものになります。

マーケティング上の「製品」の分類②

使用目的で分類

消費財

食品、衣類など「消費」されるためのもの

生産財

工作機械、建設機械など「生産」するためのもの

物理的特性で分類

耐久財

家、車など長期間使用できるもの

非耐久財

化粧品、洗剤など使用期間が短いもの

サービス

宿泊、カウンセリングなど無形のもの

3 新製品を開発するための手順を知っておこう

新製品開発の7段階とは?

◉——製品開発は、ひとつずつステップを踏んで行なう

新製品の成否は、企業にとって命運を左右する一大事です。その開発は、どのように行なえばよいのでしょうか？　一般に製品開発は、左の図のようなステップで行ないます。

マーケティング戦略が、かなり早い段階で策定されていることがわかるでしょう。

◉——「事業経済性の分析」「テスト・マーケティング」とは?

図のプロセスのうち、「④事業経済性の分析」とは、策定されたマーケティング戦略にもとづいて、その製品事業の採算性、将来性などを検討する作業です。計画以上にうまくいったとき、計画どおりのとき、下回ったときなどいくつかのシナリオを用意して、事業としての経済性をシミュレーションします。

また、「⑥テスト・マーケティング」は、社内の意見を聞く程度のものから、地域限定でテ

スト販売を行なう場合まで、規模と内容はいろいろです。あまり小規模だと、実際の導入時に大きな誤差が発生する一方で、大規模なテスト・マーケティングは競合他社に新製品の情報を流す結果にもなります。慎重に判断して、実施しなければなりません。

製品開発のプロセス

①アイデアの収集と吟味
↓
②製品コンセプトづくり
↓
③マーケティング戦略の策定
↓
④事業経済性の分析
↓
⑤試作品開発
↓
⑥テスト・マーケティング
↓
⑦生産と市場導入

4 新製品が普及する様子を見てみよう

「イノベーションのベルカーブ」とは?

◉——新製品は直線的に普及しない

新製品を市場に投入しても、直線的に利用者が増えていくわけではありません。最初はゆっくりと、次第に勢いを増してピークに達し、やがて新規の利用者は減少を始めます。

この様子をあらわしたのが、アメリカの経済学者**E・M・ロジャーズが提唱した「イノベーション（技術革新）のベルカーブ」**です。左のように、時間を追って新製品の新規採用者の数、各時期の消費者のタイプがベル（鐘）の形に変化していきます。

◉——多くの新製品が「谷」に落ちて売れなくなる

このとき、アーリーアダプターとアーリーマジョリティーの間に深い谷ができます。

この谷を「キャズム」と名付けたのは、アメリカのマーケティング・コンサルタント、G・A・ムーアです。新製品は、アーリーアダプターまでは普及しても、生き残れるとは限らないということです。多くの新製品がキャズムに落ちて這い上がれず、市場から消えます。

「イノベーションのベルカーブ」とは？

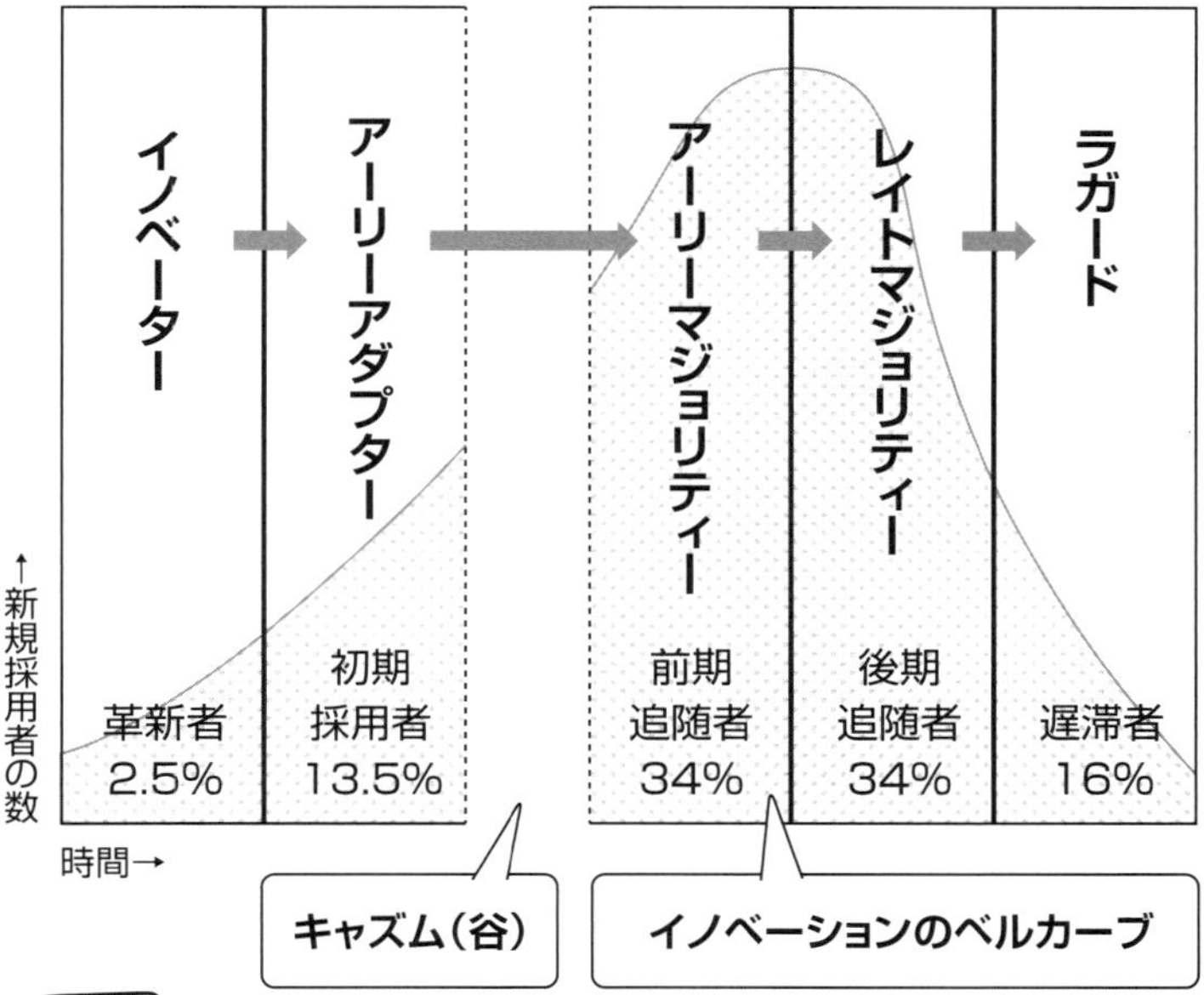

●イノベーター
最初にとびつく新しもの好き

●アーリーアダプター
イノベーターの評価を見て受け入れる

●アーリーマジョリティー
比較的早くアーリーアダプターに追随する

●レイトマジョリティー
比較的遅く、遅れて受け入れる

●ラガード
最後まで受入れに抵抗していた頑固者

新製品は5種類の消費者の間を普及していく

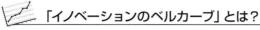

5 「パッケージング」と「ラベリング」の効果

製品戦略では外見も大切！

◉――「パッケージング」は役割を考えて工夫する

製品戦略の上では外見――パッケージとラベルも重要なポイントのひとつになります。とくに「パッケージング」は製品戦略の一環として扱われていますが、4つのP（⇩P40）に続く5つ目のPと言う人もいるくらいです。

パッケージングには、大きく分けて左のような役割があります。このうち、消費者が製品やブランドを特定できるようにする重要性は言うまでもありません。しかし、**意外に見落とされがちなのが、物流とディスプレーに対する影響**です。

たとえば、直方体や立方体のパッケージングは保管・梱包《こんぽう》・運搬がしやすく、物流にとってはベストといえる形状でしょう。一方、上部に穴をあけたビニール袋のパッケージングでは、梱包はかさむものの、店頭で陳列しやすいというメリットが生まれます。

このほか、家庭で保管しやすくし、取り出しやすくして、消費を促進する役割なども期待されます。パッケージングは、こうした諸要素を考えて工夫しなければなりません。

パッケージングの役割

製品やブランドが特定できるようにする

物流を効率的にする

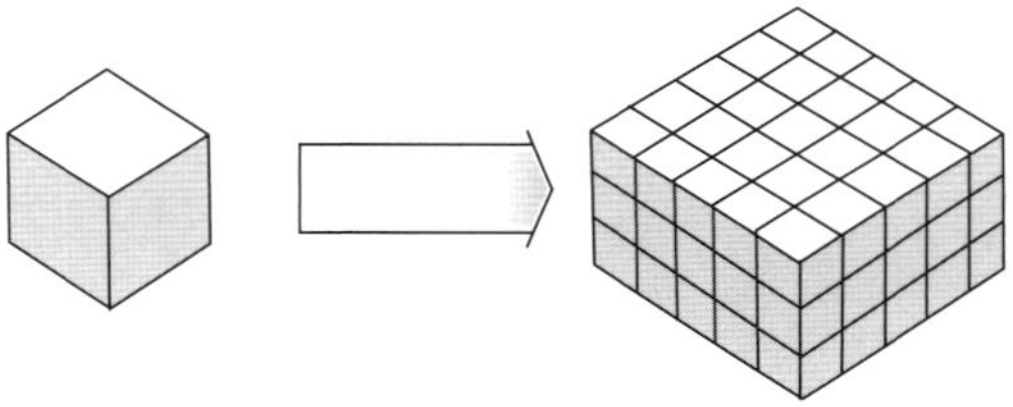

立方体や直方体は保管・梱包・運搬がしやすい

ディスプレーの効率を上げる

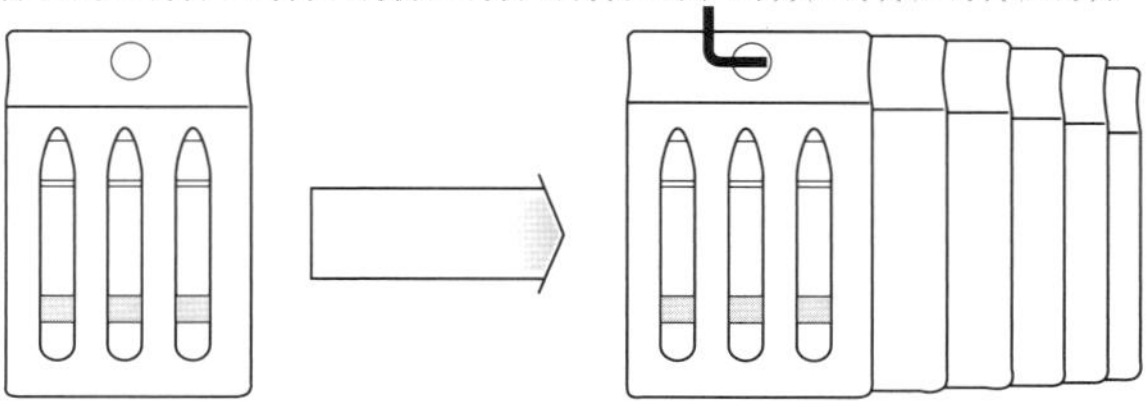

上部に穴をあけたビニール袋のパッケージング
は梱包はかさむが、陳列しやすい

製品の品質を保持する

◉——「ラベリング」で店頭プロモーションもできる

一方、「ラベリング」には左のような役割があります。最近は、パッケージと一体化したものも多く見られますが、その場合でも必要な役割は変わりません。とくに製品についての説明は、食品表示法や景表法（⇩P166）などの法律で義務づけや、規制されている場合があるので注意が必要です。

人を引きつけるキャッチコピーやデザインで、製品のプロモーションを行なう場合もあります。たとえば、近年の香りつきの柔軟剤や洗剤では、「フレア フレグランス——華やかな香り生まれ続ける」、「香りとデオドラントの——ソフラン」といった調子で、店頭で消費者を引きつけるラベリングが花盛りです。

◉——「ロゴ・マーク」にはどんな役割があるのだろう

パッケージング、ラベリングと関係するものに「ロゴ・マーク」があります。社名や商品名の文字をデザイン化したものが「ロゴ」、イメージをデザインした記号が「マーク」で、両方を組み合わせたものを「ロゴ・マーク」といいます。

ロゴ・マークは、メーカーや商品の信頼性を伝え、購買行動に影響を与える大事なポイントです。たとえば、すき家の黄色に赤いドンブリのロゴ・マークは、食べたことがある人には牛丼やカレーを思い浮かべさせ、空腹の人には入店という行動を促すのです。

ラベリングの役割

製品やブランドを識別させる

製品について説明する

例　食品表示法による表示

名称	～
原材料名	～
添加物	～
内容量	～
賞味期限	～
保存方法	～
製造者	～

栄養成分表示（100g当たり）	
エネルギー	○kcal
たんぱく質	○g
脂質	○g
炭水化物	○g
食塩相当量	○g

製品のプロモーションを行なう

例

6 製品の「ライフサイクル」を考えておこう

導入期・成長期・成熟期・衰退期の4つを知る

◉——製品のライフサイクルのカーブをつかむ

製品戦略では、新製品を市場に出してからどう伸ばすかも考えておかなくてはなりません。このとき、知っておく必要があるのが製品の「ライフサイクル」です。

製品にも、人間と同様の一生があります。

この一生を、マーケティングでは製品の「ライフサイクル」と呼び、一般に「導入期」「成長期」「成熟期」「衰退期」の4つに分けて考えます。注意していただきたいのは、**イノベーションのベルカーブは新規採用者の数で見るのに対し、ライフサイクルは売上げと利益の推移で見る**という点です。

通常の新製品は、発売された当初から爆発的に売れて売上げと利益に貢献するわけではありません。最初は認知度も低く、イノベーションのベルカーブでもわかるように、すぐには売れずにゆっくりと普及していきます。この時期が「導入期」と呼ばれる期間です。

製品の「ライフサイクル」とは?

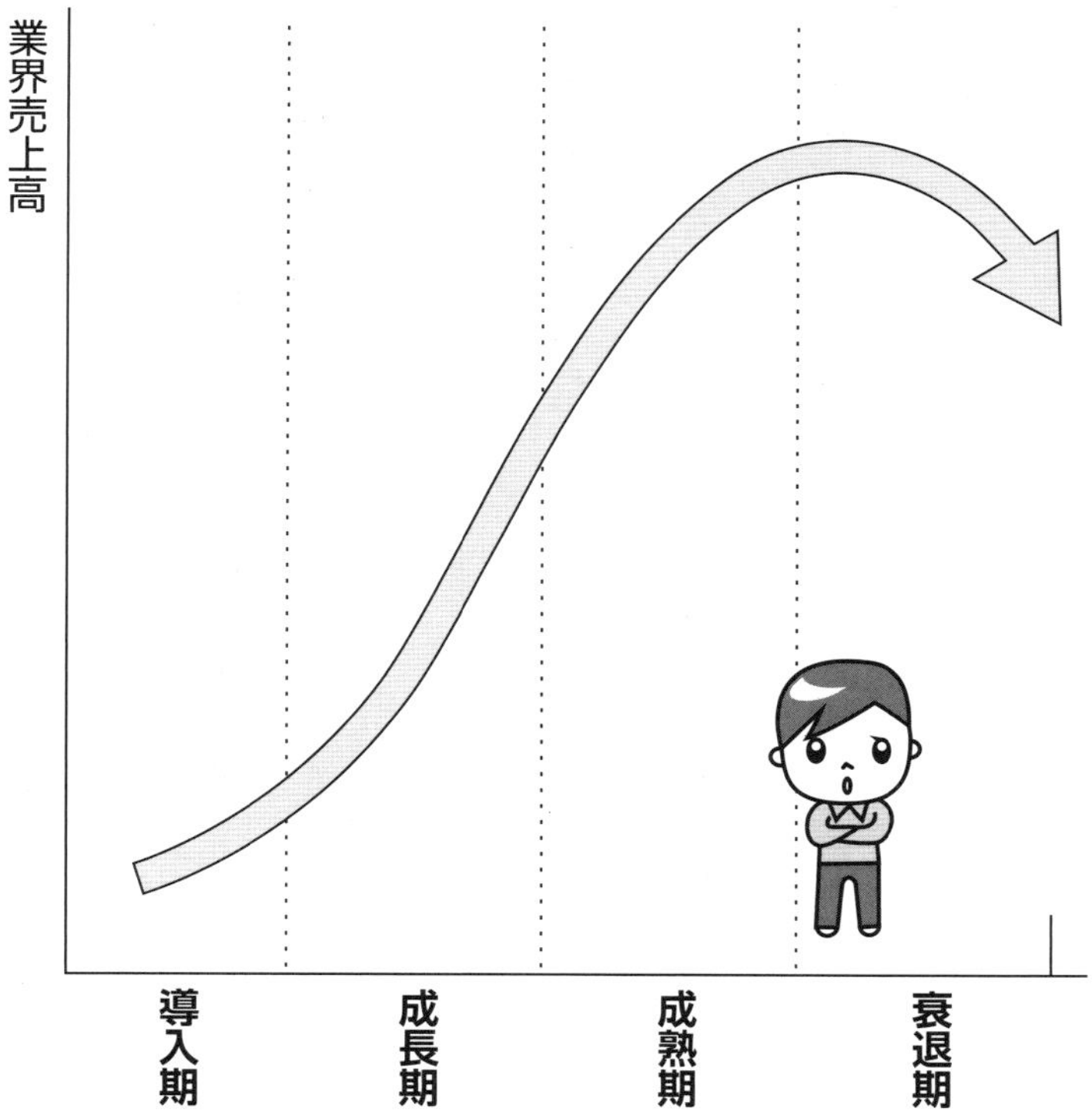

どんな製品にも
「ライフサイクル」がある!

ところが、力のある製品はある時期から、急に売れ出すようになります。これが「成長期」です。この時期には認知度が上がり購買層が一気に増えますが、一方でそれに気づいた他社から競合品も出てくるようになります。

市場にある程度、製品が行き渡ると、成長率は鈍り売上げは安定します。すなわち、製品は「成熟期」を迎えたわけです。

やがて、競合品――というより代替品がより安価に、より便利になって登場し、製品は「衰退期」に入って一生を終えるのです。

◉――ライフサイクルの時期によってマーケティングも変わる

一般に、ヒット商品でもライフサイクルは3年といわれています。考えようによっては短い期間ですが、ライフサイクルの時期によって戦略も変えなくてはいけません。

導入期の赤字を持ちこたえる財務戦略、成長期の需要急拡大に対応する生産計画なども必要ですが、とくに重要なのはマーケティング戦略――とりわけ製品戦略です。製品戦略とは、新製品の開発だけでなく、製品の改良や新しい用途の開発、そして市場からの撤退までをも含むのです。

導入期は、収益上まだ赤字の時期ですが、それでも製品の認知度を上げるための広告や、流

製品の「ライフサイクル」とマーケティング

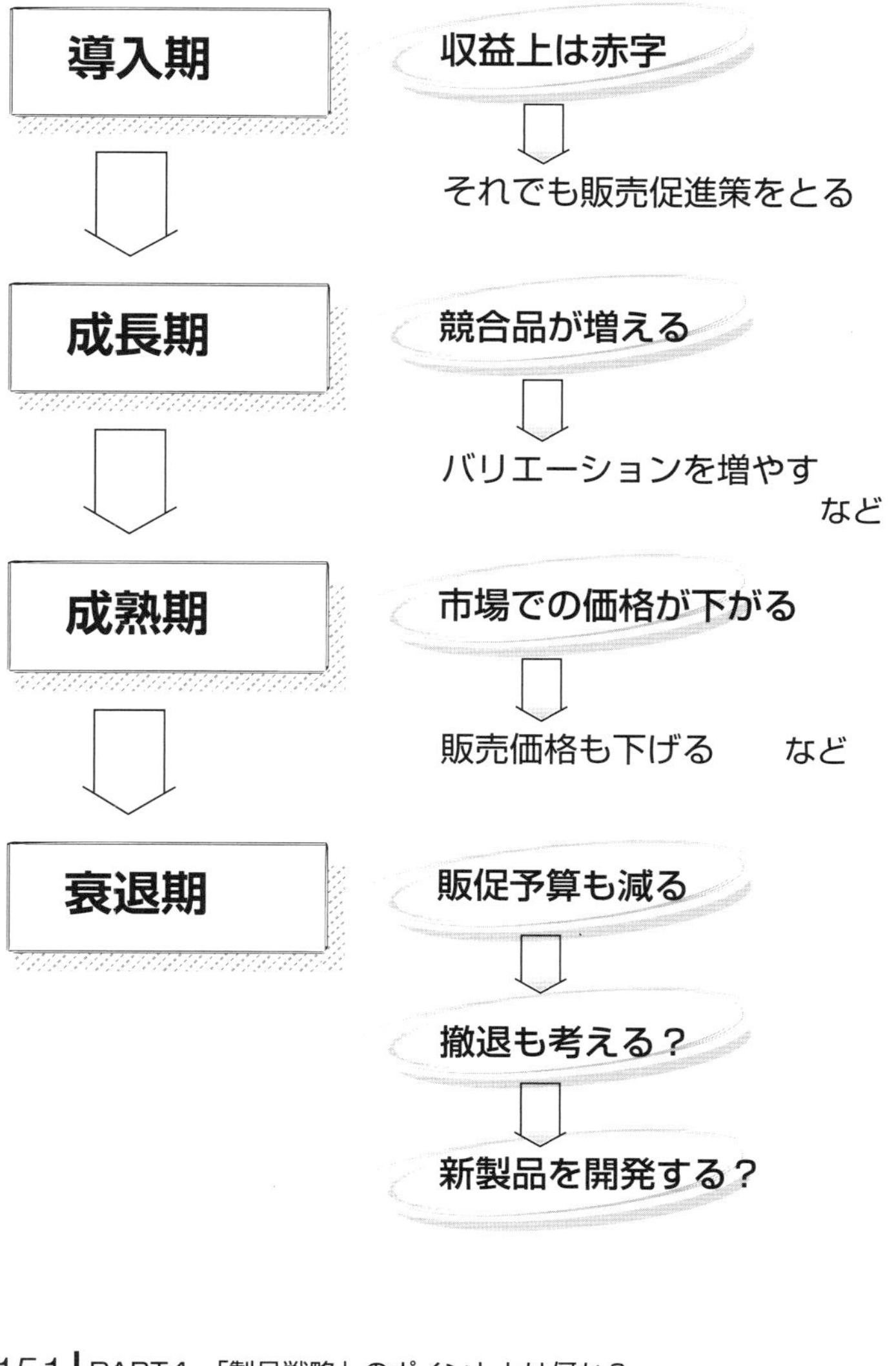
導入期
収益上は赤字
それでも販売促進策をとる
成長期
競合品が増える
バリエーションを増やす
など
成熟期
市場での価格が下がる
販売価格も下げる　　など
衰退期
販促予算も減る
撤退も考える？
新製品を開発する？

通向けの指導などの販売促進が欠かせません。

成長期になると、販売網は拡大し売上げも増えますが、一般に価格は安くなります。競合品も増えてくるので、製品を改良して種類を増やし、選択の幅を広げることも大切です。

成熟期は、シェアの変動も小さく、買い換え需要中心の時期です。市場での価格はさらに下がるので、販売価格も下げるなどの対応が必要になります。この時期に製品の新しい用途を提案できれば、寿命を延ばすことができるかもしれません。

衰退期には販促予算も縮小されるので、競争力のない製品は思い切って撤退し、それに代わる新製品を開発するなどの決断も必要になります。

PART 5

「価格戦略・流通戦略」のポイントとは何か？

消費者心理にアピールする価格戦略、
製品が流通するシステムとしくみなど、
流通戦略についても覚えておこう。

1 そもそも価格はどう決めればいいか？

製品の価格を決める3つの方式

◉──わかりやすいのはコスト重視で決める方式

私たちが買い物をするとき、目当ての品物を見つけた後には、たいてい値段を見ます。値段──すなわち「価格」に関する戦略は、マーケティングでも重要な位置を占めるのです。

価格を決める方式、考え方には、大きく分けると3つがあります。

まず、原価にマージン（粗利益）を乗せる**コスト重視**の方式は、いちばん単純でわかりやすいやり方です。ただ消費者のニーズを考えず、売り手の側の都合を優先しがちです。

◉──競争重視、需要重視で決めることもあるが……

次に、**競争重視**の方法は、コストより他の製品との競争関係を重視するものです。行き過ぎると原価割れの不毛な安売り競争に陥る危険があります。

第3の**需要重視**の方法は、消費者が〝これくらいなら払ってもいい〟という「値ごろ感」を重視するもの。消費者の意識によっては、コスト無視の低価格になる可能性があります。

製品の価格を決める3つの方式・考え方

コスト重視　積み上げ方式

原価 ＋ 利益 ⇨ 価格

かかった費用にマージンをプラスして決める

競争重視　競争関係重視方式

他社価格 ≧ 自社価格

競争相手の価格を基準にして決める

需要重視　心理的価格決定方式

値ごろ感 ⇨ 価格

買い手の値ごろ感を調べて決める

端数価格、慣習価格 （☞P.160）なども
心理的価格の例

2 いろいろな価格設定の方法を知っておこう

6つの価格設定方法と、5つの価格適合戦略

◉――「利幅を乗せる」から「オークション」まで、いろいろある

コスト重視、競争重視、需要重視――3つの考え方から、次のようないろいろな価格設定の方法が考えられます。

「マークアップ価格設定」はコスト重視の考え方そのもので、製品コストに自社の利幅を乗せて価格を設定する方法です。製品コストでなく投資額から一定の収益があがるように設定すると**「ターゲットリターン価格設定」**になります。

顧客の値ごろ感を探るために、特別な分析をして決めるのが**「知覚価値価格設定」**。一方、高品質の製品に思い切った低価格を設定するのが**「バリュー価格設定」**です。バリュー価格設定のひとつとして、「エブリデイ・ロー・プライシング」があります。文字どおり毎日低価格にするもので、スーパーの西友がキャンペーンをして一般的になりました。

その他、競争重視の**「現行レート価格設定」**、ネットオークションなどで一般にも広まった**「オークション価格設定」**などの価格設定方法があります。

「価格設定」の方法いろいろ

マークアップ価格設定　コスト重視

製品のコストに自社の利幅（マークアップ）を乗せる

ターゲットリターン価格設定　コスト重視

目標とする収益（リターン）が得られる価格にする

知覚価値価格設定　需要重視

顧客が感じる価値（知覚価値）を分析して決める

バリュー価格設定　需要重視＋競争重視

高品質の製品にかなりの低価格（バリュー価格）を付ける

現行レート価格設定　競争重視

競合他社の価格（現行レート）を基準に決める

オークション価格設定　需要重視

競り（オークション）で価格を決める

コスト重視、競争重視、需要重視、3つの考え方から、いろいろな価格設定の方法が考えられる

◉──時や場合に応じて価格を「適合」させる

いったん設定した価格は、変えていけないわけではありません。むしろ、時や場合などに応じて変えるべきなのです。これを「価格適合」といいます。

たとえば、地域などで異なる価格にする「地理的価格設定」は、よく行なわれている価格適合の例です。現金取引や大量購入、オフシーズンの購入で値引きする「価格割引」も、よく見られる価格適合でしょう。

セールなどに際しては「販促型価格設定」があります。たとえば〝目玉商品〟の価格設定は売り手に損失をもたらすように見えますが、目玉商品のために来店した顧客が他の商品の購入にも向かい、全体として売上げと利益を増やします。損失（ロス）がリーダーとなって、全体の利益を上げるので「ロスリーダー価格設定」と呼ばれる立派な価格適合戦略です。セールでなくても、顧客や流通チャネルによって価格を変える「差別型価格設定」もあります。

また〝バンドルセール〟などが、「製品ミックス価格設定」です。これには「キャプティブ製品価格設定」などがあります。〝キャプティブ〟とは、とりこ、人質といった意味で、たとえばパソコン用のプリンターなどで用いられる価格設定です。プリンターの購入者は、そのプリンター専用のインクカートリッジを購入しなければなりません。

その収益が見込めるので、プリンター本体は通常より低い価格が設定できるのです。

時・場所・場合によって価格を変える「価格適合戦略」

地理的価格設定

地域や国によって異なる価格設定をする

例 遠い地域は輸送コストを上乗せした価格にする　など

価格割引とリベート

一定の条件で価格を引き下げたり、実質的な値引きをする

例 現金割引、数量割引、季節割引、下取り　など

販促型価格設定

販売を促進するための特別な価格を設定する

例 ロスリーダー価格設定、キャッシュバック　など

差別型価格設定

顧客・製品・場所などによって異なる価格設定をする

例 セグメント別価格設定、チャネル別価格設定　など

製品ミックス価格設定

オプションやセット販売で異なる価格設定をする

例 キャプティブ製品価格設定、製品バンドル　など

一度決めた価格でも、地域別、条件別、顧客別、あるいは販促、バンドル販売のためなどに、適合する価格設定が必要になる

3 消費者心理にアピールする価格設定とは？

98円など、端数のついた価格が多いワケ

◉――**ギリギリ最低の線まで下げている印象を与える「端数価格」**

需要重視の価格設定とは、消費者の心理を重視する価格設定の方法ともいえます。消費者の心理は、商品と価格の関係を見て様々な動きをするものです。その動きを予測して、消費者心理にアピールする価格設定の方法もいくつか利用されています。

代表的なのは「端数価格」でしょう。これは、**980円とか1万9800円のように、あえて半端な価格にする方法**です。実質的には1000円、2万円とほぼ同じなのですが、売り手がギリギリ最低の線まで下げている印象を感じさせます。

◉――**値下げをしないでも売れる「名声価格」や「慣習価格」**

反対に、あまり値を下げないのが「名声価格」です。ブランド品などは、価格が製品のランクを示す目安になるし、買い手もステータスの高さを感じて満足できるので、ある程度高い価格のほうが売れるのです。

また、チューインガムや缶飲料のように、消費者がその価格を当然と思っていて、値下げが売行きに結びつかない「慣習価格」もあります。以上をまとめてみると、消費者心理に訴える価格設定としては、だいたい左のようなものが昔から使われています。

消費者心理にアピールする価格の例

名声価格（宝石、毛皮、化粧品など）
価格が品質の目安になっているため、ある程度高いほうが売れる

慣習価格（缶飲料、ガム、のどあめなど）
以前からの価格を消費者が当然と思っているので上げ下げしてもプラスにならない

端数価格（食品、雑貨、その他全般）
980円、1万9800円など、ギリギリまで下げている印象を与えて売る

価格ライン（衣料、化粧品など）
一般・中級・高級など価格帯を分けておき、その中から好みのものを選べるようにする

差別価格（劇場、ツアー旅行など）
S席料金で高級感を出したり、オフシーズン価格で割安感を感じさせたりする

4 「価格弾力性」とはどういうものか？

値下げの効果には、いろいろなパターンと違いがある

●――値上げ・値下げの反応を見るのが「価格弾力性」

名声価格や慣習価格の例はあるにしろ、やはり価格は低いほうが、一般に売行きがよくなるものです。ただ、同じよくなるにしても、製品によって反応の度合いは違います。

価格の変化によって、その製品の売行き（需要）がどれくらい変化するかをあらわす指標を「価格弾力性」とか「価格弾性」といいます。

●――値下げしても売行きが変わらない商品は「価格弾力性」が低い

価格設定を行なう場合、価格弾力性の高い製品では、価格を下げるほど大きく売行きが伸びます。コスト削減などでできる限り価格を下げ、また、ライバル社の安売り攻勢に対しては、ただちに対抗することが必要でしょう。

しかし**価格弾力性の低い製品では、価格を下げてもあまり売行きの変化はありません**。逆に、付加価値をつけて価格を引き上げても、それほど抵抗なく受け入れてもらえます。

「価格弾力性」が高いと値下げの効果が大きい

$$\text{価格弾力性} = \frac{\text{需要の変化率}}{\text{価格の変化率}}$$

価格弾力性・低

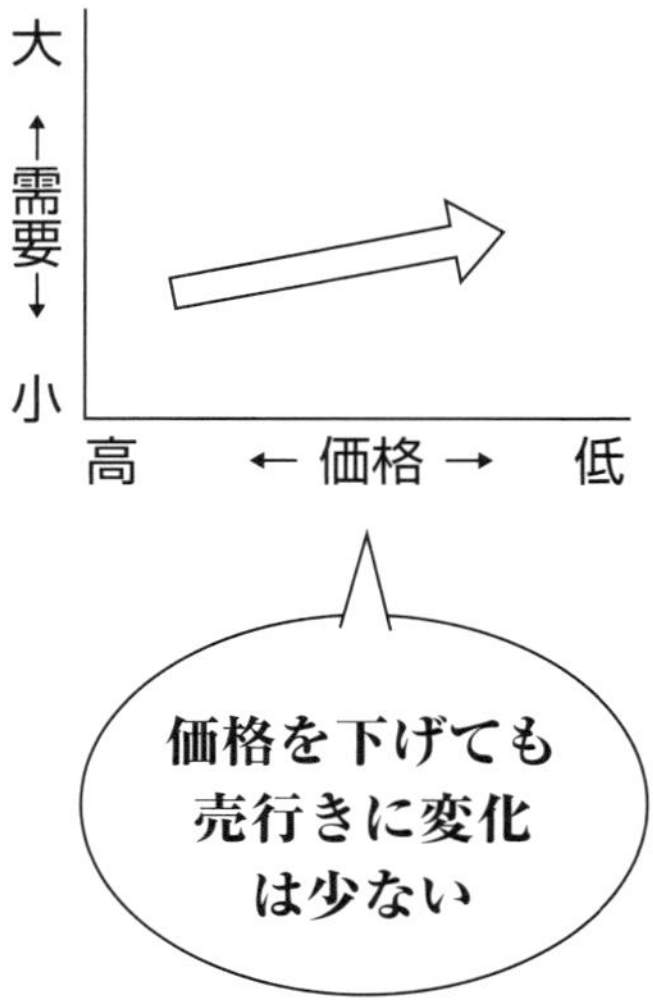

価格弾力性・高

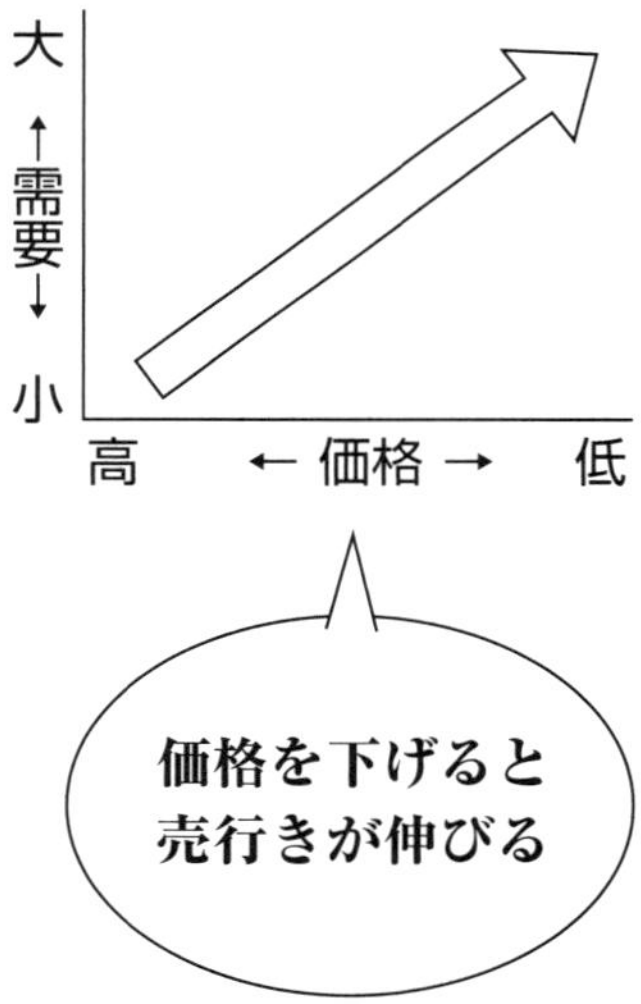

**価格弾力性が低い商品は値下げしても
効果が薄い、ということ！**

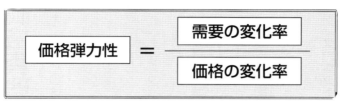

5 価格管理の方法を知っておこう

オープン価格とディスカウント、リベート

「オープン価格」とはどういうものか？

日本では、生産者が設定した価格は「希望小売価格」として表示されることが多いようです。流通業者はそれを基準に販売価格を決め、消費者も希望小売価格と実際の販売価格の両方を勘案して、買う買わないを決めたりします。

一方、**生産者が希望小売価格を設定しないで、小売業者の判断に任せる場合もあります**。これが「オープン価格」とか「オープンプライス」と呼ばれるものです。

希望小売価格方式では、実際の販売価格との差が大きすぎると、たたき売りの印象が否めません。そのため、成熟期に入って値くずれの心配がある商品や、衰退期で在庫をさばいてしまいたい商品ではオープン価格が採用されることもあります（⇩P150）。

ディスカウントやリベートで価格調整をする

価格は、流通の段階や市場の状況によって調整することも必要です。「ディスカウント」と

価格管理のポイント

価格の設定

希望小売価格

メーカーから価格体系を提案し
流通業者・消費者の目安とする

オープン価格

小売店に価格の判断を任せ、不当な価格表示
やたたき売りの印象を避ける

価格の調整

ディスカウント

設定した販売価格から一定の割合を
引き、実際の販売価格を安くする

リベート

流通業者に利益の一部を分配し
販促の刺激、販売価格の調整をする

「リベート」は、そのために使われる方法です。

ディスカウントは、価格割引（⇩P158）のことで、取引条件によって設定価格から一定の割合を引き、実際の価格を下げる方法。一方、リベートは「売上割戻（わりもどし）金」とか「販売奨励金」といった名称で、取引高に応じて利幅の一部を流通業者に戻し、実質的に価格を下げる方法です。

ディスカウントは取引時点で割り引くのに対し、リベートは半年とか1年の期間の後で支払われるという違いもあります。

◉──「独禁法」「景表法」について知っておこう

価格管理について注意しなければならないのは、公正なルールに反してはならないということです。価格に関係する法律としては、「独占禁止法（独禁法）」「景表法」などがあります。それぞれの正式名称は左の図のとおり、かなり長いものです。

たとえば、**同業者の間で最低価格を取り決めるような「価格カルテル」を結ぶことは、独禁法で禁止されています**。また、架空の「市価（しか）」と比較して安いことを強調するなど、不当な二重価格の表示は景表法違反となります。

価格の管理は大切ですが、度を越して法律違反になるようなことをしてはいけません。

「独禁法」「景表法」とは？

独占禁止法

私的　独占　の　禁止　及び公正取引の確保に関する法律

① 市場を独占してはならない
② 企業同士で価格協定をしてはならない
③ 不公正な取引をしてはならない

景表法

不当　景品　類及び不当　表示　防止法

① 不当な実売価格を表示してはならない
② 不当な二重価格の表示をしてはならない
③ 不当な希望小売価格を表示してはならない

この２つの法律に注意して
価格戦略を立てよう

6 価格設定の目的をはっきりさせよう

「市場浸透価格設定」か「上澄み吸収価格設定」か

◉——市場浸透価格設定では市場シェアを狙う

価格戦略では、価格設定の目的を明確にしておくことが大切です。コトラーは、価格設定によって左の図の5つの目的を追求することができると言っています。

なかでも「市場浸透」と「上澄み吸収」は相反する価格設定の目的です。市場浸透価格設定では、低価格で競合他社が参入する前に市場シェアを押さえます。市場が充分に成長したら、押さえたシェアでゆっくり利益を吸収すればよいという価格設定です。

◉——上澄み吸収価格設定では最初から利益を吸収する

一方、上澄み吸収価格設定では、最初からある程度高価格で市場に投入して利益を吸収します。競合他社が参入するころには一定の利益が確保できているので、価格を下げてさらに利益を吸収します。

低価格競争のドロ沼に沈まず、上澄みを吸収しようという価格設定なのです。

「市場浸透価格設定」「上澄み吸収価格設定」とは？

価格設定の目的

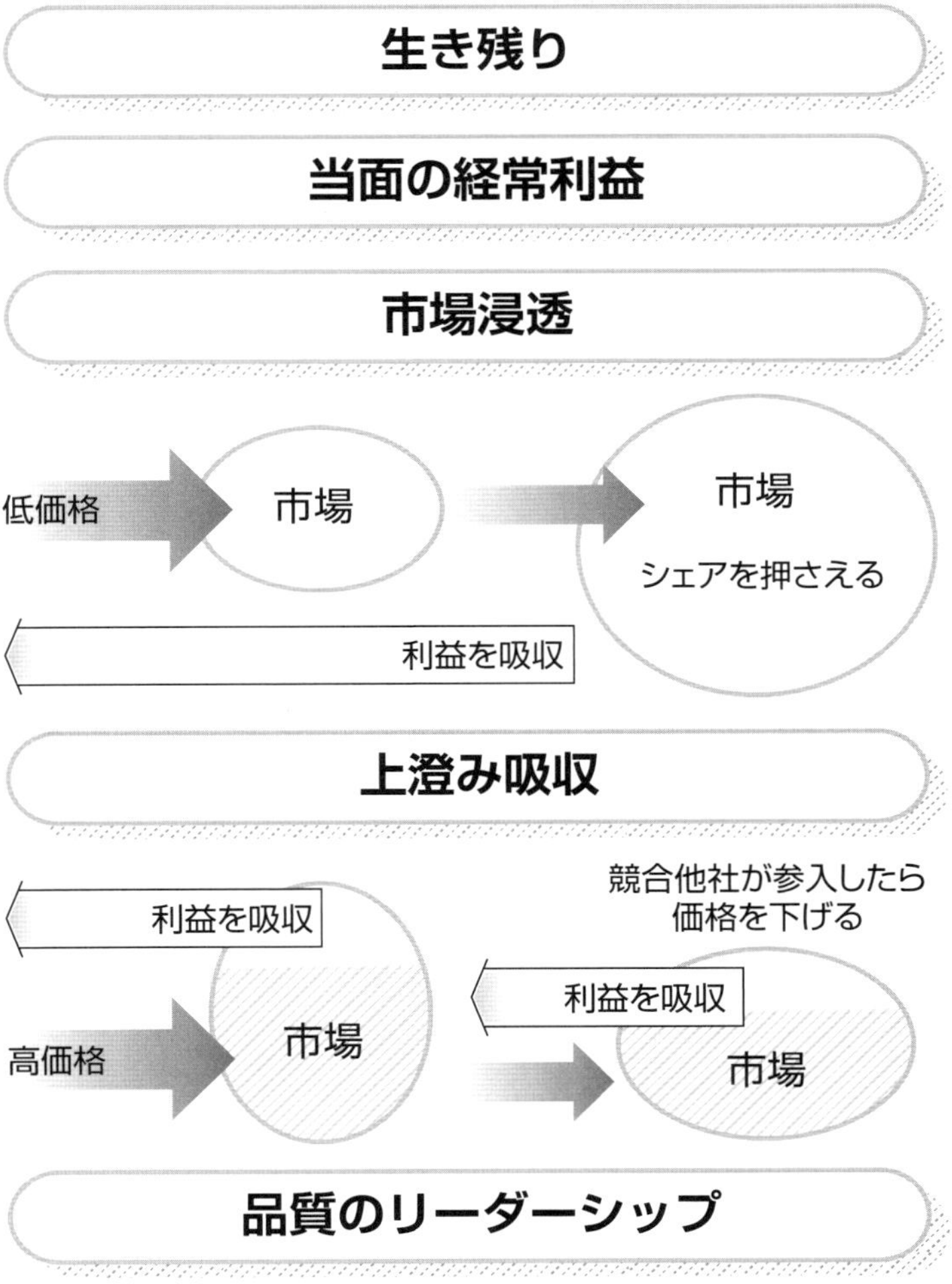

7 「流通チャネル」とはどういうものか？

流通戦略の基盤となるのが「流通経路＝チャネル」

価格に続いて、流通戦略について見ていきましょう。流通戦略の基盤になるものを「流通チャネル」といいます。これは、どういう意味でしょうか。

◉──「チャネル」とは流通経路のことである

普通、生産者は製品を卸売業者に販売し、卸売業者は小売業者に卸して、最後に小売業者が消費者に売る、というのが一般的な流通経路です。この流通経路のことを「流通チャネル」とか「マーケティング・チャネル」、あるいは単に「チャネル」というのです。**テレビのチャンネル（通信路）と同じで、伝達経路の意味**です。

流通チャネルは、卸売・小売を経るルートだけではありません。卸売業者を通さないチャネル、小売業者を通さないチャネルもありますし、メーカー直販、通販、インターネット通販などの販売方式も、みな流通チャネルのひとつです。

生産者と消費者の間に何段階入るかで、それぞれ「0段階チャネル」「1段階チャネル」「2

段階チャネル」と呼びます。卸売業者が「元卸」と「仲卸」など2段階の場合もあり、その場合は「3段階チャネル」です。要するに、生産者から消費者に至るすべてのプロセスが「流通チャネル」なのです。ですから、スーパーも八百屋さんもコンビニも、問屋や運送会社も、あ

「流通チャネル」とは？

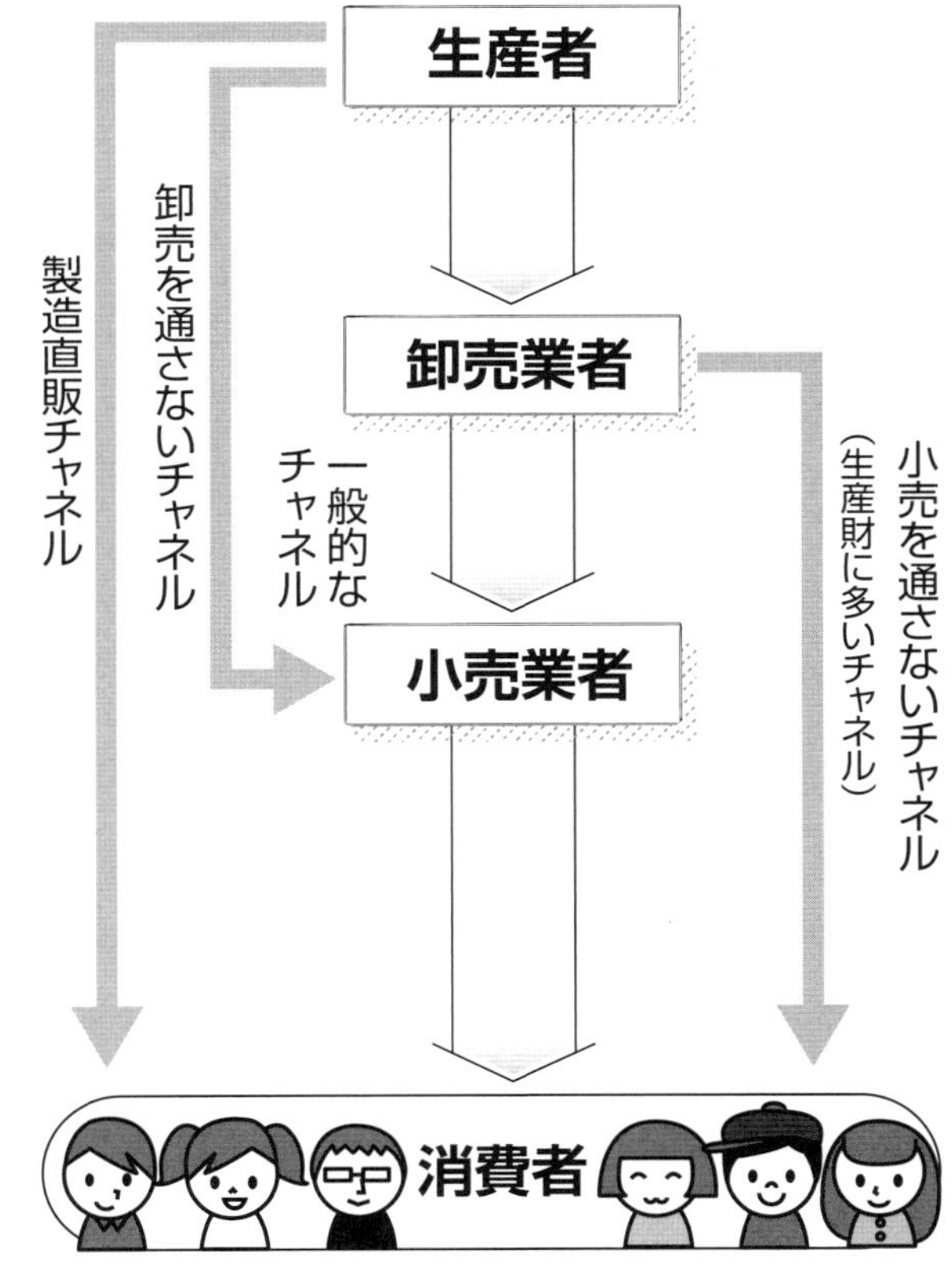

商品が消費者の手に渡るまでのすべてのプロセスが「流通チャネル」

るいはインターネット上の通販サイトも、広い意味での流通チャネルといえます。

生産者から直接、消費者に届けるチャネルもあるのに、なぜ卸売や小売の仲介業者を介する場合が多いのでしょうか。

◉——流通チャネルはなぜ必要なのだろう

左の図を見てください。仮に3社の生産者から3人の消費者に届けるとして、直接だと9つのチャネルが必要です。ここに仲介業者が1社入るだけで、チャネルは6つになります。流通のコストを削減することができるのです。

もし生産者が、仲介業者が担っている流通チャネルと同じものをつくろうとしたら、莫大なコスト負担が必要になります。流通の事業で、本業と同じ利益率をあげることは困難です。それなら、**生産者は本業の事業に集中したほうがより大きな利益が出るでしょう。**

そもそも日用品などでは、生産者が、全国に広がる既存の流通チャネルと同様のチャネルをつくることなど不可能なのです。

加えて、仲介業者の持つ人脈、経験、知識、設備などは、生産者が自分で流通を行なうよりも大きな成果をあげていることは間違いないでしょう。

流通チャネルが果たしている役割

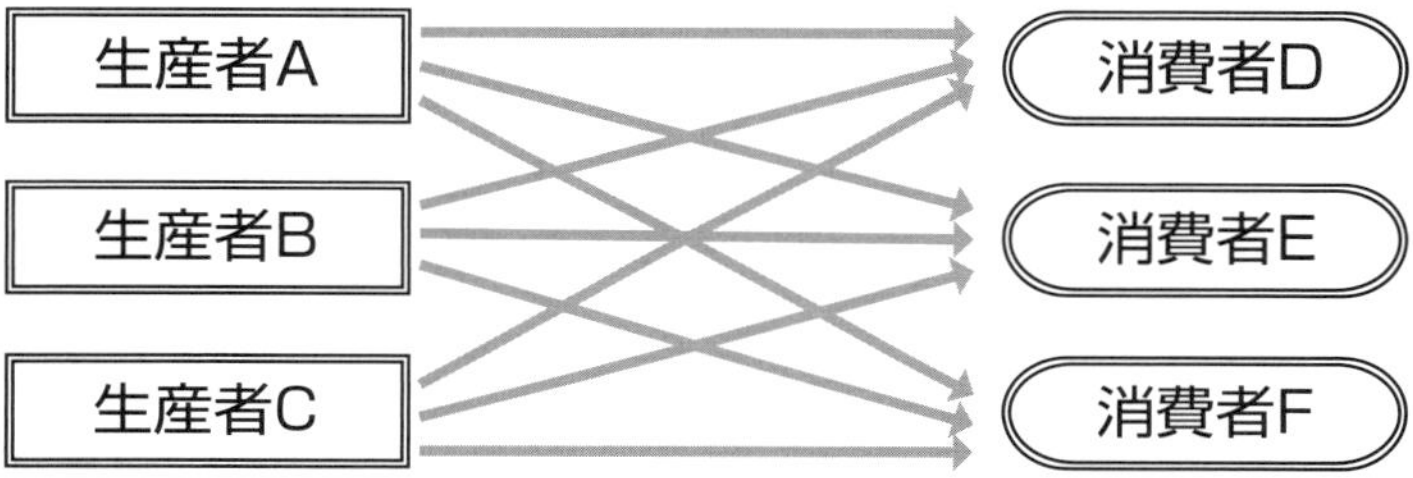

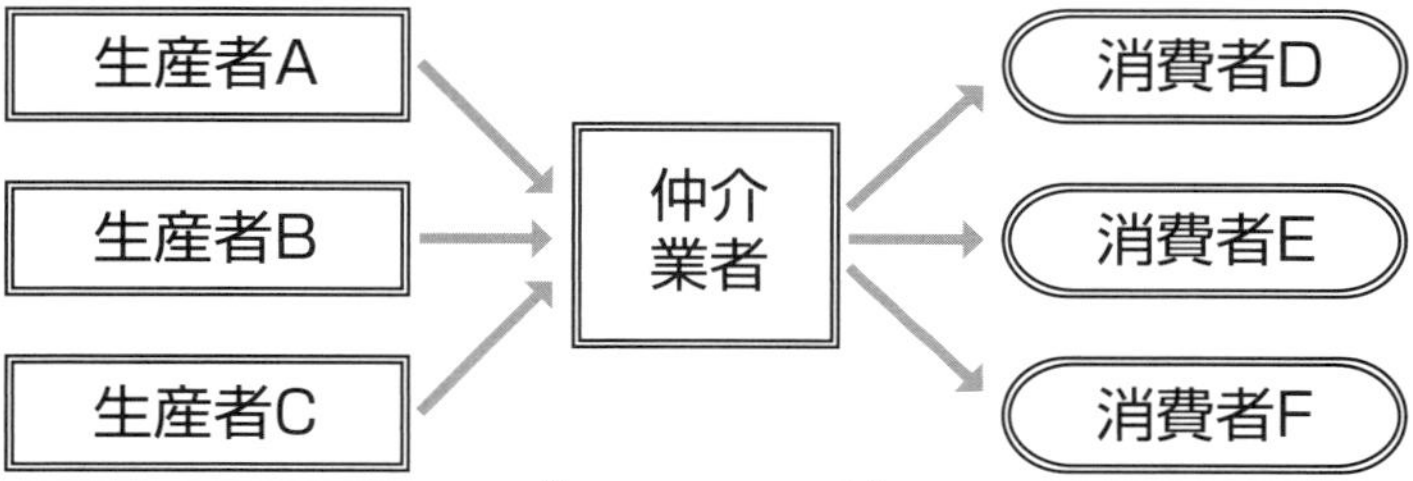

①生産者の流通コスト負担が少なくて済む
②生産者はより利益の上がる事業に集中できる
③生産者にはできない販売網がつくれる

仲介業者は生産者より流通の人脈、経験、専門知識、設備などが優れていてより大きな成果をあげることができる

8 どんな流通チャネルをつくればいいのか？

3つの流通チャネル戦略を押さえておこう

◉──チャネルの〝長さ〟と〝幅〟を考える

ここで、171ページの図をもう一度見てください。卸売業者と小売業者が間に入るものからメーカーの直販まで、間に介在する仲介業者の数は様々です。業種によっては、元卸、仲卸、小卸と、さらに何社もの仲介業者が入る場合もあるでしょう。

これらは、流通チャネルのいわば〝長さ〟で、自社の流通チャネル戦略をつくり上げる場合に、まず考えなくてはいけない要素です。

しかしもうひとつ、流通チャネルの〝幅〟も考える必要があります。つまり、流通チャネルをできるだけ広く開放的に、多くの消費者と接するものにするのか、専属的な販売業者を選んで顧客に特別なサービスをしてもらい、その代わり狭いチャネルとするのか、ということです。

大きく分けると、3つの流通チャネル戦略が考えられますが、**どれが適しているかは、製品や事業の性質によって違ってきます。**

3つの流通チャネル戦略

開放的
流通チャネル

販売業者を選ばない

消費者がどこでも
買えるようにする

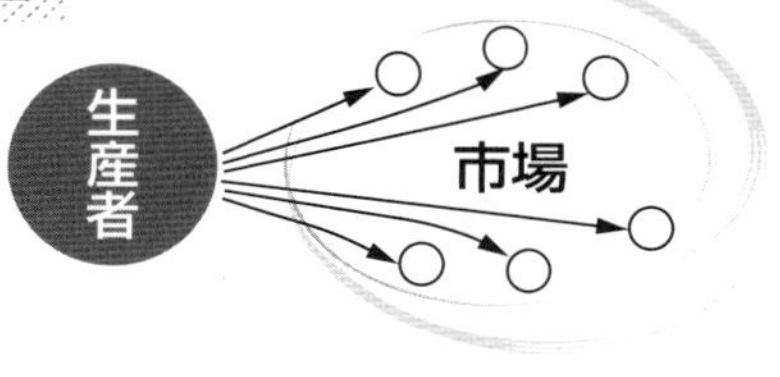

選択的
流通チャネル

効率のよい販売業者
に限定して取引する

イメージダウンを
避けながら流通
コストを抑える

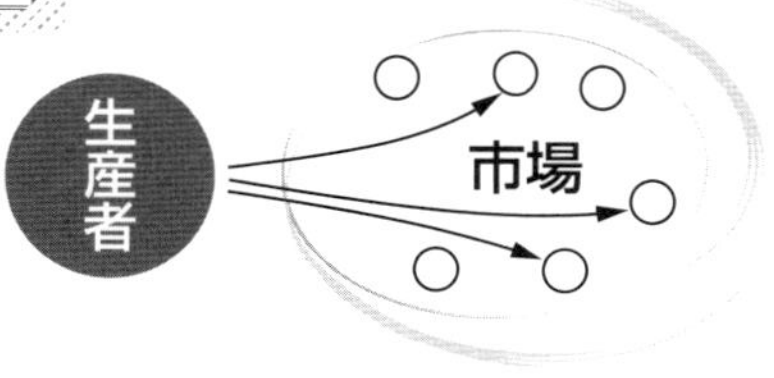

排他的
流通チャネル

1販売業者に1地域の
販売権を排他的に与える

ブランドイメージを
保持して価格競争を
避ける

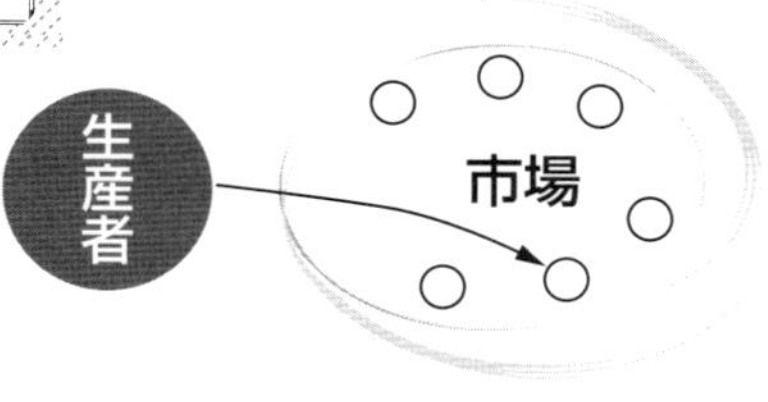

◉——「サプライ・チェーン・マネジメント」とはどういうものか？

従来の一般的な流通チャネルでは、生産者と流通業者の結びつきが弱いために、しばしば利害の衝突が起こります。それを避けるため、「系列化」なども盛んに行なわれましたが、もっと有効なチャネル戦略もつくり出されています。

これを「垂直的（Vertical）マーケティング・システム」（略してＶＭＳ）といいます。これは要するに、**流通業者を巻き込んで、生産から末端の流通までのタテの流れを１つのシステムとしてつくり上げよう**というもの。それによって、消費者に対応するのです。

一見、系列化と似ていますが、大きな違いは保護主義的なしくみをつくらないこと。系列では、小売業者を保護するために各業者の営業地域を限定するなどしますが、ＶＭＳでは基本的にシステム内を、よい意味での競争関係に置こうとします。

そして、集中的な管理で最大の効果をあげることを目指すのです。チャネルをシステムとして統合し、コントロールする企業が「チャネル・キャプテン」です。チャネル・キャプテンは生産者の場合も、卸売業者、小売業者の場合もあります。

ＶＭＳには、生産と流通を一つの企業で行なう「企業型ＶＭＳ」、メーカーと流通業者が契約によって統合する「契約型ＶＭＳ」、契約はないが強力なチャネル・キャプテンの主導のもとで、生産・流通が統合（というより統制）される「管理型ＶＭＳ」の３タイプがあります。

サプライ・チェーン・マネジメントとは？

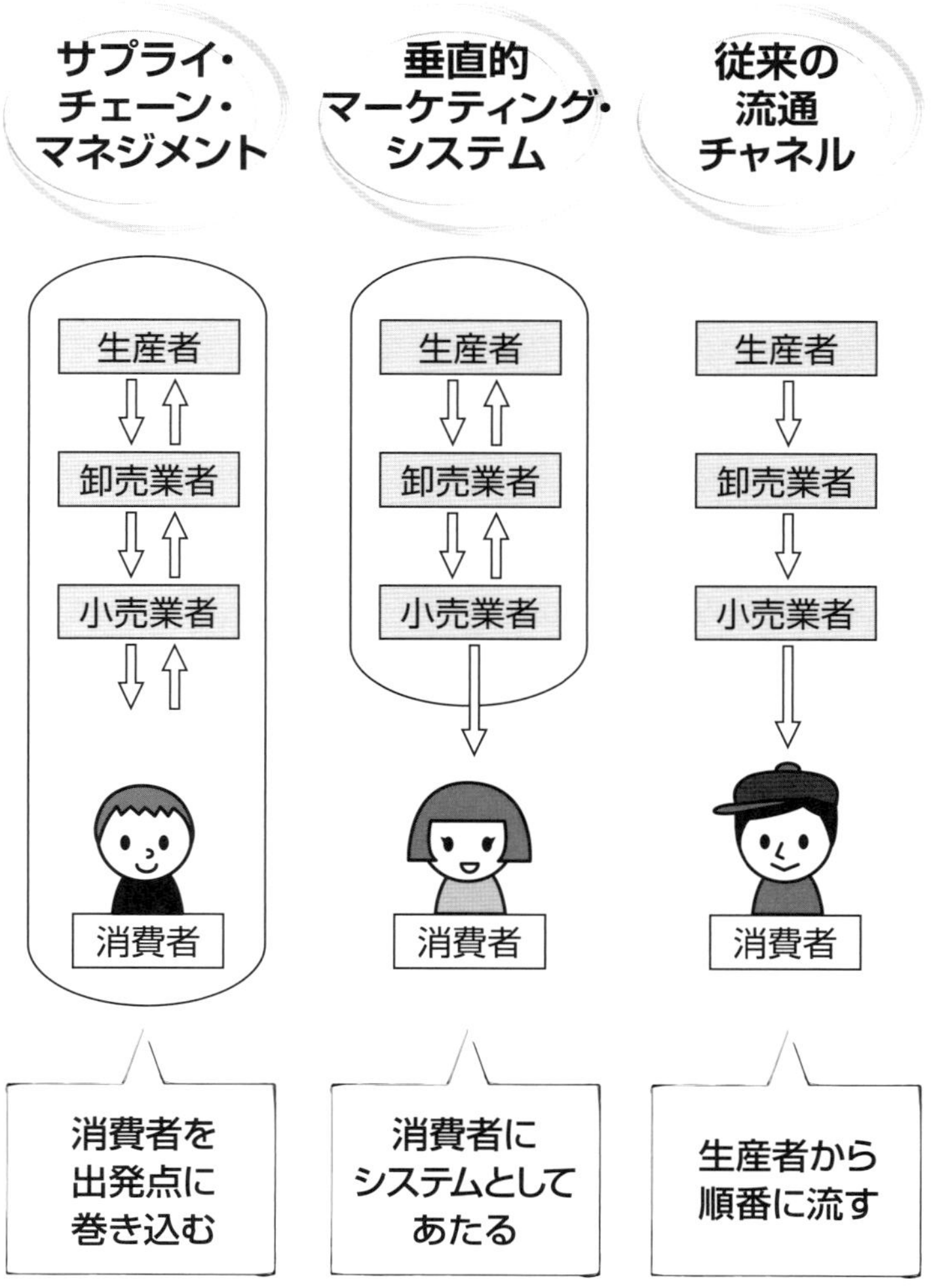

ちなみに、「水平的マーケティング・システム」のほうは、関連のない企業が新しい市場を開拓するために、経営資源やマーケティング・プログラムを統合するものです。

一方、**現在の流通チャネルは、VMSを発展させた「サプライ・チェーン・マネジメント」(SCM)にまで拡大しています**。「サプライ・チェーン」とは、供給者（生産者）から消費者までをつなぐ業務のつながり（チェーン）のことで、VMSと違うポイントは消費者までも巻き込み、出発点とすることです。

消費者の注文で、希望の仕様のパソコンを組み立て、提供するBTO（Build To Order）という販売方式がありますが、これはSCMの代表的な例です。とくに、デル・コンピュータのBTOは、その成功例といわれています。

PART 6

「コミュニケーション戦略」のポイントとは？

プロモーション戦略（販促戦略）は、
今や「コミュニケーション戦略」。
ここ数年で大きく変わった販促戦略しだいで、
売れ方が大きく異なる。

1 「コミュニケーション」には6つの活動がある

広告、販売促進、イベントと経験、PR、ダイレクト・マーケティング、人的販売

◉——コミュニケーション戦略の基本は「コミュニケーション・ミックス」

マーケティングの4P（⇩P40）を製品戦略、価格戦略、流通戦略と見てきて、最後は「プロモーション戦略」です。

プロモーションは、日本語でいえば「販売促進」。売り手の立場からの用語なので、**現在では顧客中心の立場から「マーケティング・コミュニケーション」と呼ぶ**ほうが一般的になっています。この章でも、「コミュニケーション」という用語を使うことにしましょう。

コミュニケーション——つまり、顧客にメッセージを伝える活動にもいろいろありますが、今日では大きく分けて左の図の6つをあげるのが普通です。

「広告」は、テレビや雑誌などで有料の宣伝をする活動。「販売促進」は、製品の試用や景品付きの販売などで売上げのアップをはかる活動で、英語では「セールス・プロモーション」です。「イベントと経験」は、スポーツの試合や工場見学など、企業が主催する活動を通じてコミュニケーションをとること。

6つのコミュニケーション活動

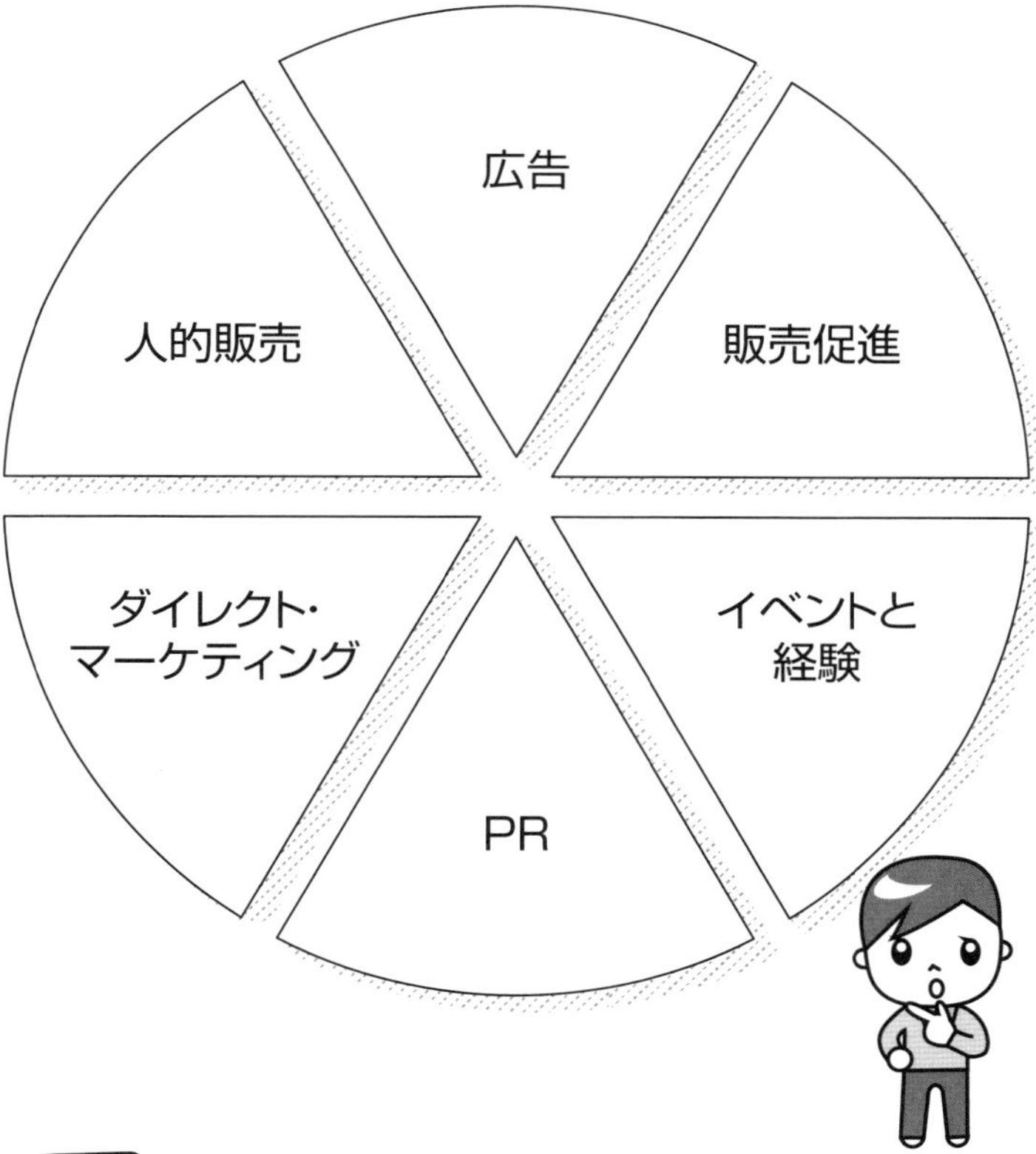

目的に合わせて6つのコミュニケーション
を組み合わせるのが
「コミュニケーション・ミックス」

図で「PR」とあるのは、正確には「パブリック・リレーションズおよびパブリシティ」といいます。マスコミに新製品やイベントの情報を流したり問い合わせに答えたりする活動です。「ダイレクト・マーケティング」とは、郵便・電話・FAX・メールなどで特定の顧客と直接コミュニケーションをとるもの。最後の「人的販売」は、販売員がお客様に商品の説明をするなど、人が接触することによるコミュニケーション活動です。

コミュニケーションの目的に合わせて、これらを組み合わせることを「コミュニケーション・ミックス」とか「プロモーション・ミックス」といいます。コミュニケーション戦略の基本は、このコミュニケーション・ミックスです。

◉──「何を」「どのように」「誰から」伝えるか

コミュニケーション活動で良い反応を得るには、「何を」「どのように」「誰から」伝えるかが重要になります。それぞれ**「メッセージ戦略」「クリエイティブ戦略」「メッセージの発信源」**と呼ばれる要素です。

メッセージ戦略には、製品の性能の良さなどを直接伝える方法と、直接製品に関係しないイメージで伝える方法があります。クリエイティブ戦略も、情報を詳しく説明する「情報型アピール」と、直接的な情報でなくひとひねりした別のイメージで伝える「変容型アピール」（⇩巻末）の2種類に大別できます。

メッセージやクリエイティブとともに、発信源も重要です。テレビ広告などで、よく有名人が起用されるのはそのためです。一般に、発信源の信頼性は、専門知識などの「専門度」、ウソなどは言わないと感じられる「信用度」、それに「好感度」の3つで決まるとされています。

コミュニケーションの3つの戦略

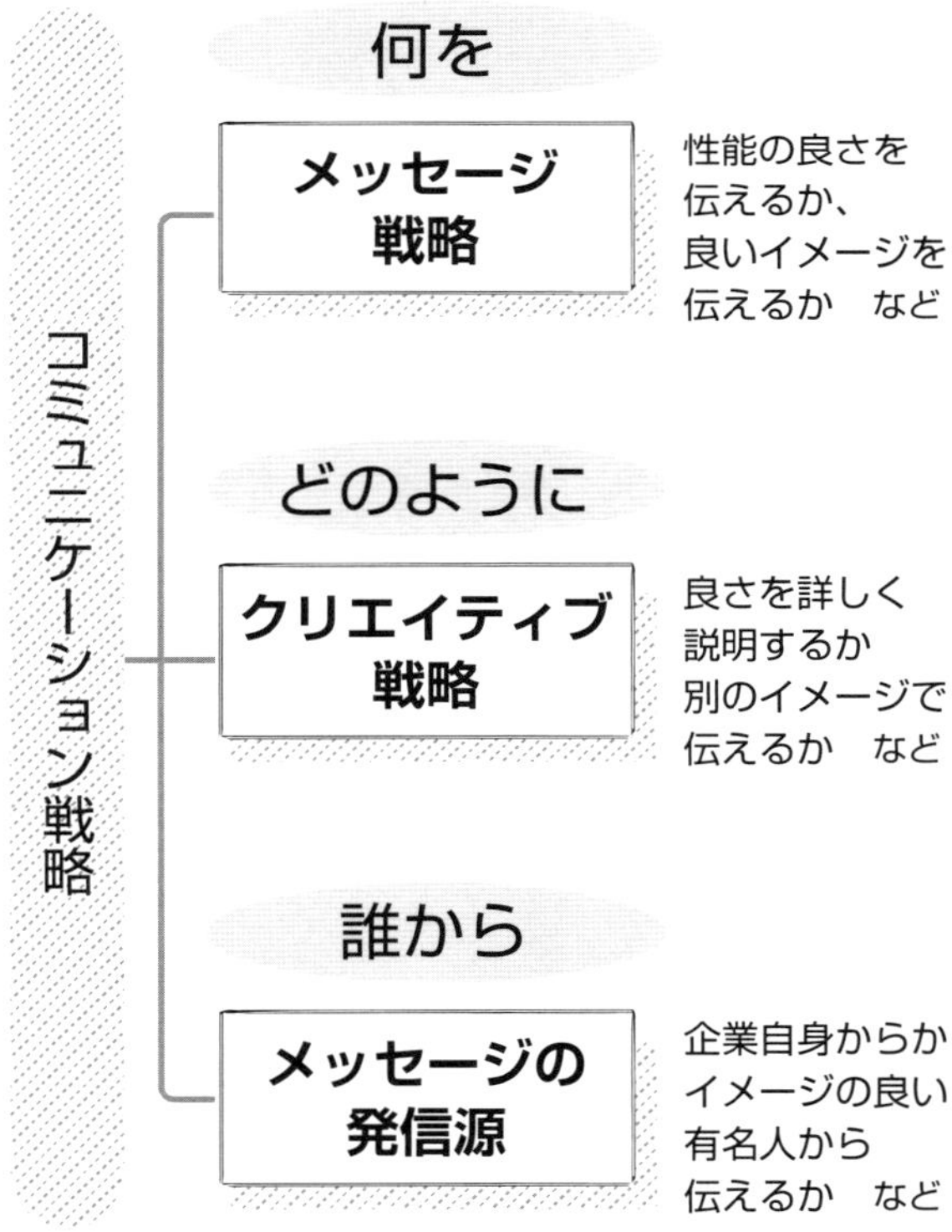

コミュニケーションで
消費者の良い反応を得るには
この3つの要素が重要

2 「コミュニケーション・チャネル」を選ぼう

メッセージにもいろいろな流通経路がある

◉——人的チャネルと非人的チャネル

コミュニケーション活動では、メッセージを伝えるために「コミュニケーション・チャネル」というものを考えます。流通チャネルと同じで、情報を伝える経路のことです。

コミュニケーション・チャネルには「人的（パーソナル）」と「非人的（ノンパーソナル）」のチャネルがあり、それぞれ左図のようなコミュニケーションの方法があります。

◉——非人的チャネルから人的チャネルにつながることもある

一般的には、人的チャネルのほうが非人的チャネルより効果的といえますが、非人的チャネルから人的チャネルにつながる場合もあります。

たとえば、オピニオン・リーダー（⇩P80）は、自分が関心を持つ分野の情報に敏感なので、非人的チャネルの雑誌広告などもよく読みます。もし、誰かがこのオピニオン・リーダーに製品の評価などを尋ねたら、そこから人的コミュニケーション・チャネルが始まるわけです。

「コミュニケーション・チャネル」とは

コミュニケーション・チャネル

- **人的コミュニケーション・チャネル**
  対面、電話、メール、SNSなど
- **非人的コミュニケーション・チャネル**
  メディア、販売促進、イベントと経験、
  パブリック・リレーションズ

↓

非人的コミュニケーション・チャネルから
人的コミュニケーション・チャネルへ

例

メディア　雑誌広告を掲載する

↓ **非人的コミュニケーション・チャネル**

オピニオン・リーダー　雑誌広告を読む

↓ **人的コミュニケーション・チャネル**

消費者　オピニオン・リーダーに聞く

3 効果的な広告戦略は、こうして考える

売上げに結びつく「メディア・ミックス」のポイント

◉――広告戦略を考える手順は？

ここからは、6つのコミュニケーション活動をひとつずつ見ていきます。まず「広告」から。

実際の広告制作や放送・掲載などは専門性の高い作業になるので、広告代理店など外部の協力を求めることが多くなります。しかし、広告主の企業としては、少なくとも広告戦略を立案する手順を知っておくことが必要です。

これには左の「5つのM」と呼ばれるものが参考になります。つまり、**広告の制作より予算より、まず広告の目的を明確にしておくことが重要**だということです。

そののち、予算を立て、メッセージやクリエイティブ（⇩P182）の制作に入りますが、同時に「メディア」も検討しなければなりません。広告は、テレビ・ラジオ・新聞・雑誌などで放送・掲載されますが、これらを「(広告) 媒体」とか「(広告) メディア」といいます。

メディアの組み合わせを考えるのが、「メディア・ミックス」です。

広告の「5つのM」とは

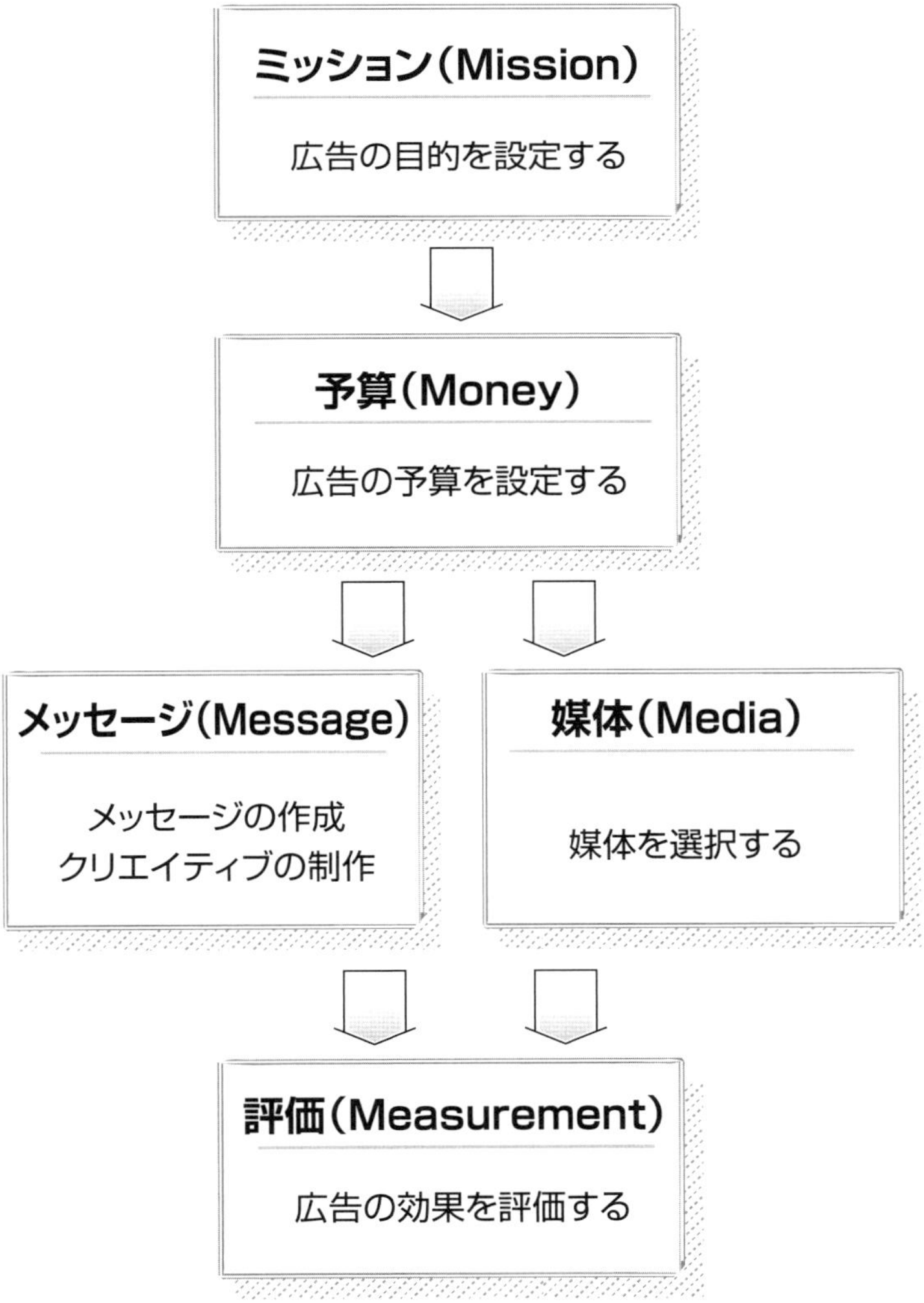
ミッション（Mission）
広告の目的を設定する
予算（Money）
広告の予算を設定する
メッセージ（Message）
メッセージの作成
クリエイティブの制作
媒体（Media）
媒体を選択する
評価（Measurement）
広告の効果を評価する

メディアには、それぞれ長所と短所があるので、広告の目的やメッセージの内容によってメディア・ミックスを変える必要があります。また、かかる費用にも大きな差があるので、あらかじめ設定した予算の面からの検討も必要です。

●——メディア・ミックスで媒体の特徴を活かす

広告メディアとしてのテレビは、視覚と聴覚に訴えるためにインパクトの大きさは抜群です。反面、コストが高く、伝達できる情報量が少ない短所もあります。一方、ラジオは低コストで済みますが、視覚に訴えることはできず、聴取者もテレビに比べれば多くありません。

新聞は、メディアとしての信頼性が高く、読者数も印刷媒体の中では最多です。これに対して雑誌は、新聞ではできないライフスタイルなどによる細分化（⇩P84）が可能です。

また、看板やポスターなど従来からあるディスプレー広告に加えて、最近ではネットワーク・メディアや、電子媒体を広告メディアとして利用する動きも加速しています。これらの膨《ぼう》大《だい》な情報量と双方向性は、従来のメディアにはない特徴です。

このような**各メディアの特徴を活かし**、**広告の目的が達成されるよう**、またその結果、広告主の期待する方向に消費者の態度が変化するように、広告メディアを組み合わせるのがメディア・ミックスなのです。

メディア・ミックスとは

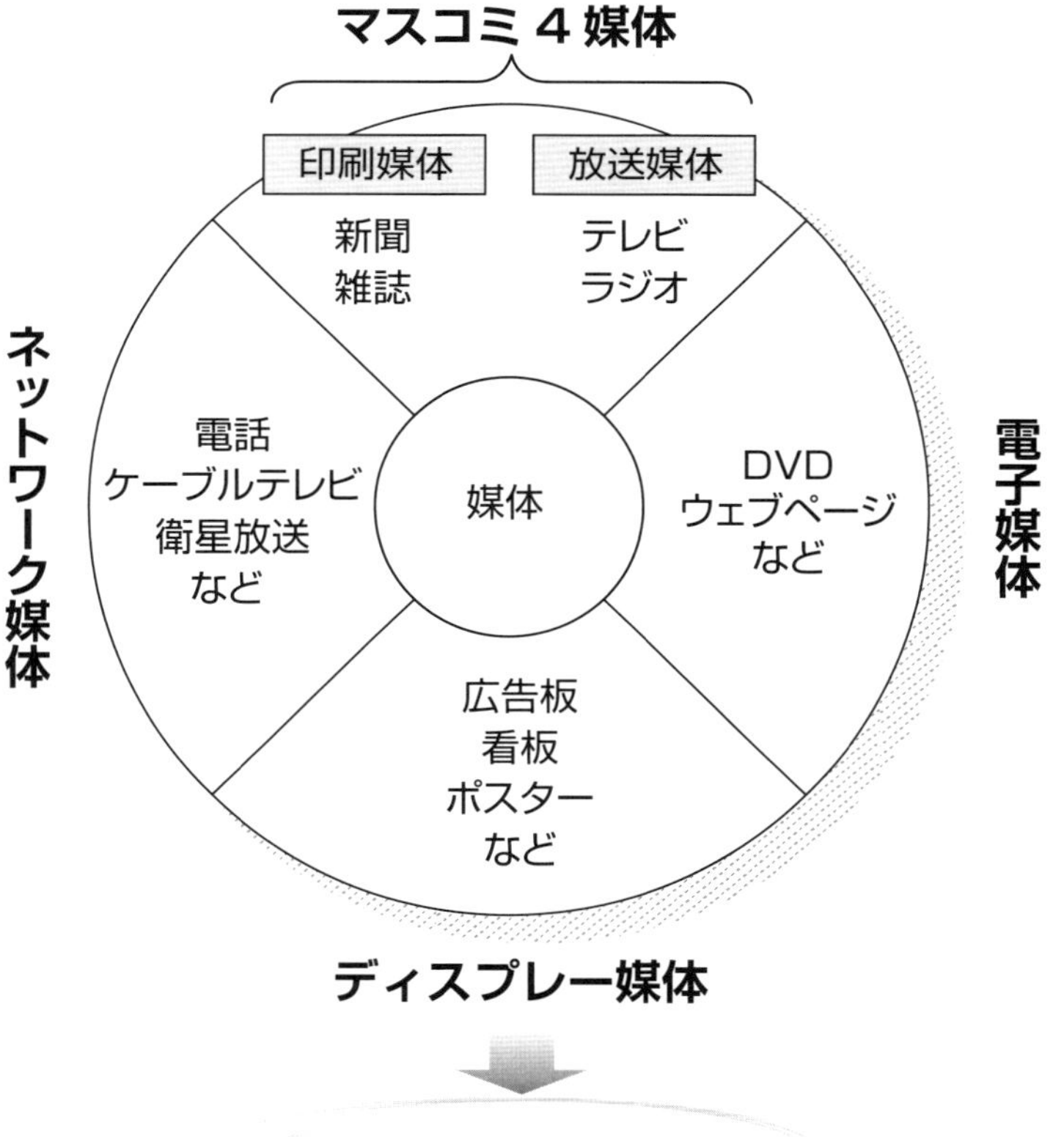

広告の目的にそって、広告媒体を組み合わせるのが「メディア・ミックス」

4 販売促進にはどんな方法があるのか?

SP広告とセールス・プロモーション活動

◉——ダイレクトメールや折り込みチラシは「SP広告」

第2のコミュニケーション活動「販売促進」(セールス・プロモーション＝SP)には、大きく分けてSP広告と、セールス・プロモーション活動があります。

SP広告は広告の一種でもありますが、ここでは販売促進の一部として説明しましょう。その主なものだけでも、左図のような各種のSP広告があります。

「ダイレクトメール」は、郵便などで送られてくる広告です。送らずに手渡しするものは「ダイレクトハンド」といいます。一方、新聞に折り込まれてくるのは「折り込み広告」。一枚ものの印刷物では、「折り込みチラシ」という呼び方も一般的です。

戸外で配られる広告もあります。街角でノベルティー(ティッシュなど)を添えて配るのは「街頭配布」、店頭で配るのが「店頭配布」です。住宅地で、郵便受けなどに入れるのは「戸別配布」といいます。一方、戸外に建てられた広告塔や看板の呼び方は「屋外広告」です。

SP広告のいろいろ

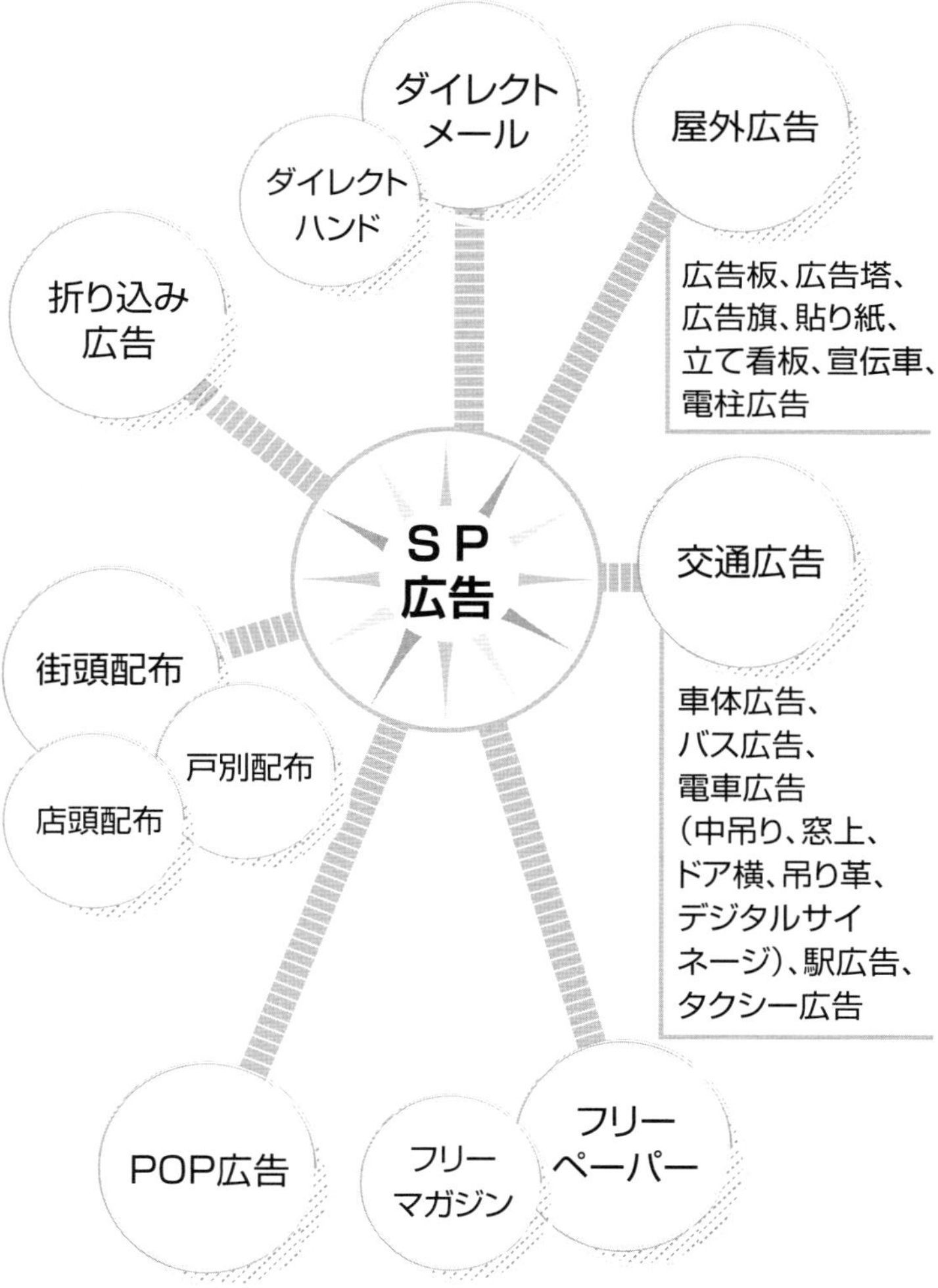
ダイレクトメール
屋外広告
ダイレクトハンド
広告板、広告塔、
広告旗、貼り紙、
立て看板、宣伝車、
電柱広告
折り込み広告
SP広告
交通広告
街頭配布
戸別配布
店頭配布
車体広告、
バス広告、
電車広告
（中吊り、窓上、
ドア横、吊り革、
デジタルサイ
ネージ）、駅広告、
タクシー広告
POP広告
フリーマガジン
フリーペーパー

公共交通機関の「交通広告」も、重要なSP広告といえます。電車・バスの「車体広告」、車内の天井から吊りさげる「中吊り広告」、同じく「窓上広告」「ドア横広告」、その他「吊り革広告」などが代表的なところでしょう。

最近では、電車内の液晶モニターに映し出す「デジタルサイネージ」も一般的です。

他に、無料で配布される「フリーペーパー」や「フリーマガジン」、店頭での「POP広告」などがあります。

◉――消費者向け、販売業者向け、社内向けのセールス・プロモーション活動がある

一方、セールス・プロモーション活動には、左の図のようなものがあります。サンプル（試供品）やプレミアム（景品）、クーポン（割引券）やバウチャー（引換券）などです。

これらは対象別に消費者向けと、流通業者向け、社内向けに分けることもできます。たとえばコンテストでも、話題づくりのために行なう消費者向けのクイズや作文のコンテストもあれば、社内のセールスパーソンの意欲を刺激するための売上げコンテストもあるわけです。

流通業者向けのセールス・プロモーション活動としては、他に**リベートや報奨金など**もあります。また、社内向けとしては、部門間の調整や販売会議なども、広い意味でのセールス・プロモーション活動です。

いろいろなセールス・プロモーション活動

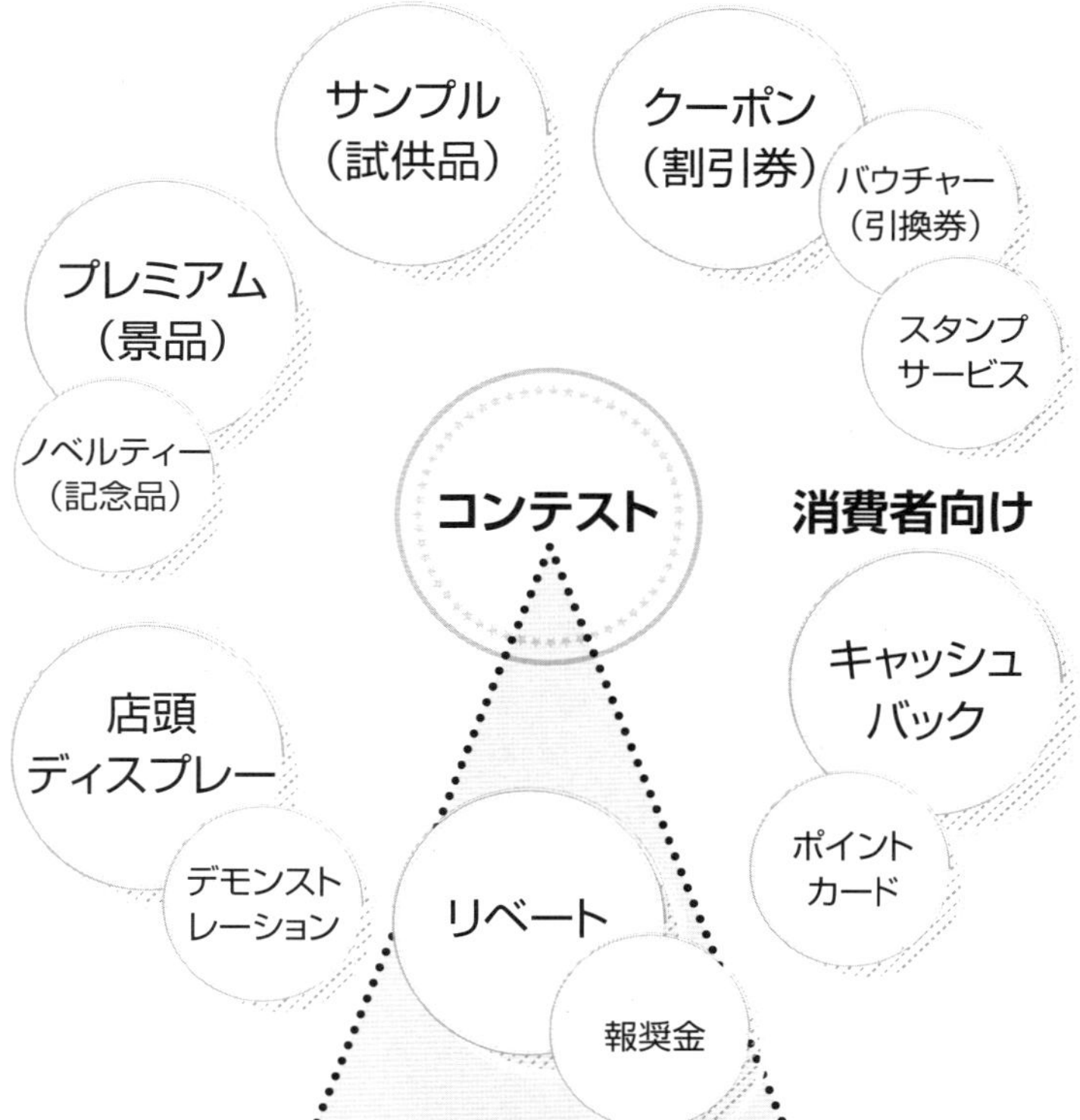

このうち「コンテスト」「プレミアム」「ノベルティー」などを「インセンティブ」（消費者や販売員を刺激する報酬や賞）という

5 「イベントと経験」もコミュニケーション活動

スポンサーになったり協賛したりするメリットとは?

◉——どんなイベント、経験があるか?

近年、非人的コミュニケーション・チャネル（⇩P184）のなかでも多く見かけられるようになったものに、企業が主催したり協賛したりする「イベントと経験」があります。

スポーツの大会や文化的な催し、エンターテインメントなどに、スポンサーとして参加するのが「イベント」、工場見学ツアーを開催したり、社会活動に協賛したりするのが「経験」です。スポンサー名が付いた、いわゆる「冠（かんむり）イベント」がおなじみでしょう。

◉——どんな効果が期待できるか、できないかを考える

イベントと経験は、ブランドや企業の認知度・好感度を高め、一流企業のイメージを形づくるなど、多くの効果があります。

反面、人の集まらないイベントや人気のない経験は、ブランドや企業のイメージ悪化にもつながるので、実行には充分な検討と準備が必要です。

企業が主催する「イベントと経験」とは？

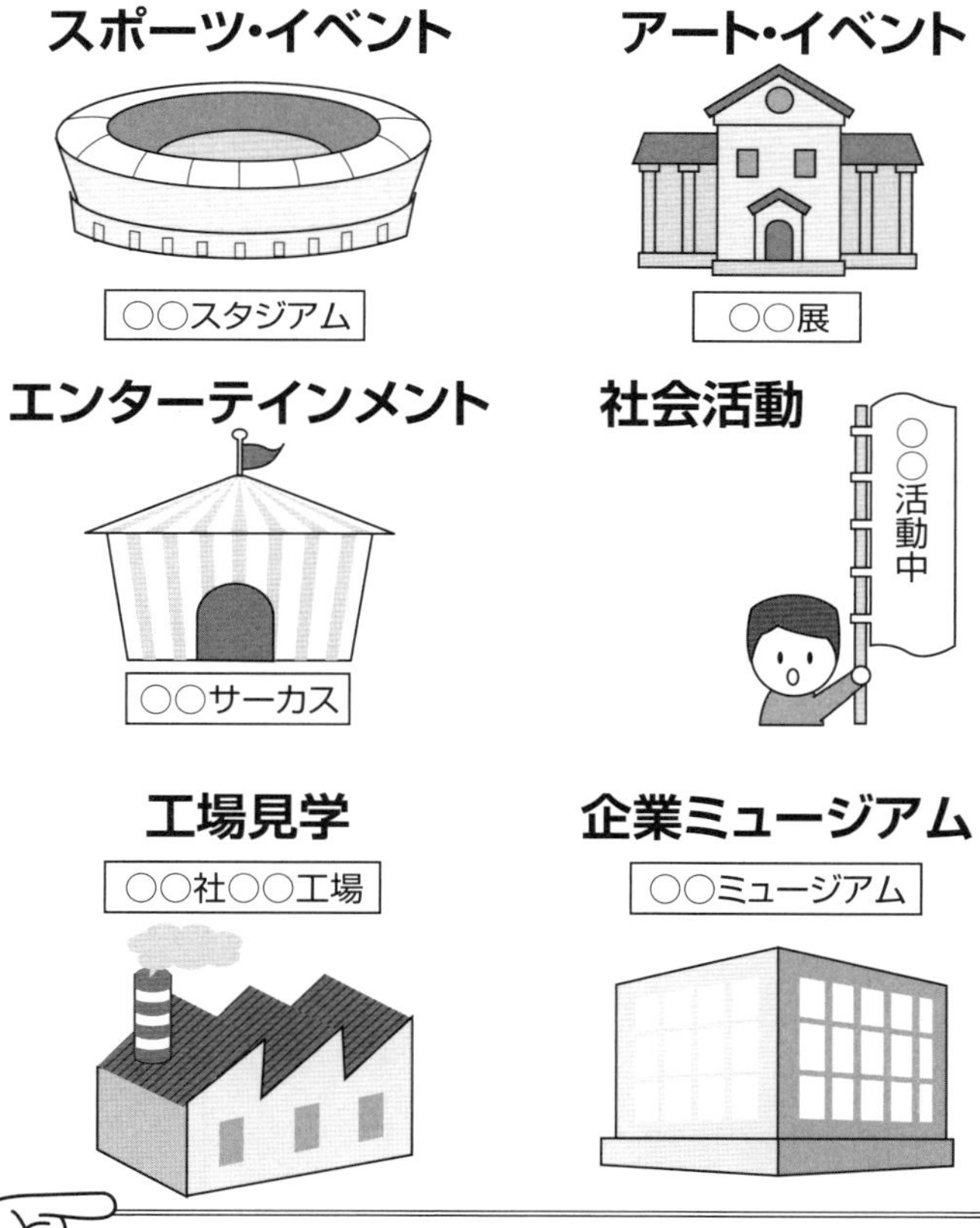

イベントのスポンサーになったり、
様々な経験を提供することで
ブランドや企業のイメージが高まる

6 「PR」は広告とどこが違う？

社会と良好な関係を築く「パブリック・リレーションズ」

●――報道対策や「コーポレート・コミュニケーション」を行なう

ＰＲは「パブリック・リレーションズ」の略。「広報」などと訳されます。その目的は、**広く報じることによって、社会の信用・理解・協力をとりつけ、良好な関係を築くこと**。単なる製品や企業の「広告」とは違うのです。

活動としては、報道資料（プレス・リリース）の配信や、個別の取材対応、場合によっては記者会見（プレス・カンファレンス）の開催などがあります。広報誌の発行など「コーポレート・コミュニケーション」の活動も重要なＰＲです。

●――「パブリシティ」は無料の広告のようなものだが……

また、「パブリシティ」は、新聞や雑誌に記事として掲載してもらうもので、同じメディアを活用するにしても有料の広告と違って、原則として無料という違いがあります。

パブリシティには、ニュース性のある新製品情報を提供する「製品パブリシティ」の他、企業の動向を知らせる「ニュース・パブリシティ」、ファッションや食べ物、料理レシピその他、興味深い情報を提供する「サービス・パブリシティ」などがあります。

ただし無料なだけに、必ずとりあげられて好意的に扱ってもらえる保証はありません。

PR＝「パブリック・リレーションズ」とは？

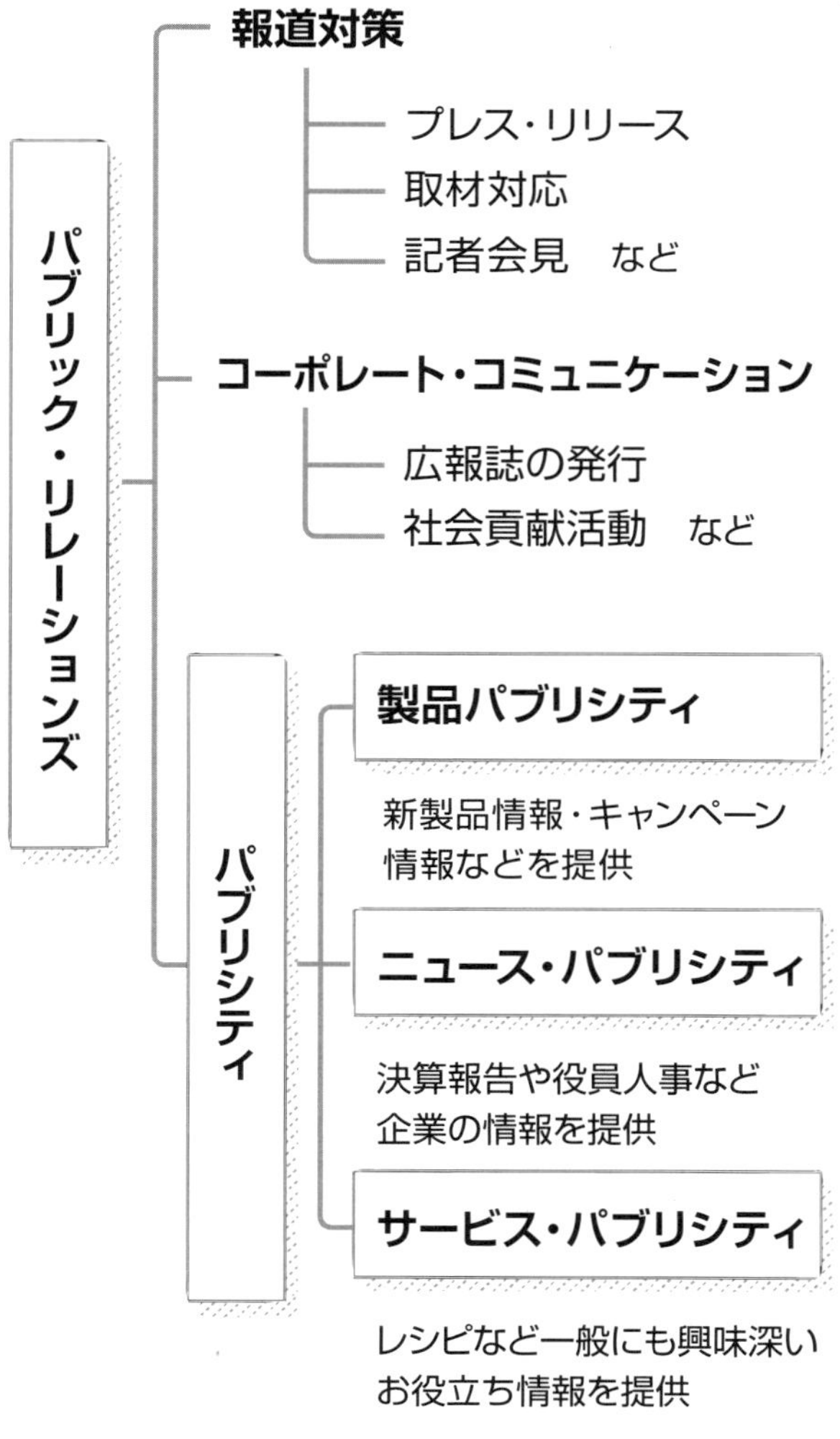

7 「ダイレクト・マーケティング」って何？

唯一、反応が「注文」として返ってくるコミュニケーション

●――注文は郵便や電話、インターネットで返ってくる

「ダイレクト・マーケティング」は、顧客個人に向けて〝ダイレクト〟に働きかけるコミュニケーションです。他のコミュニケーションと違って、顧客の反応が「注文」の形で返ってくるという特徴があります。左の図を見てください。

いずれも、すぐに注文に結びつくコミュニケーション方法であることがわかるでしょう。

●――企業のメリット、顧客のメリットは？

ダイレクト・マーケティングが注目されるのは、人的販売（⇩P200）などのコストが上昇の一途をたどっているからです。テレマーケティングなどは人的販売に近いものといえますが、それでも専任のセールスパーソンの人件費に比べれば費用対効果は上回ります。

顧客にとっても、家庭でショッピングができる、時間の節約になる、商品の選択肢が多い、などのメリットがあります。

「ダイレクト・マーケティング」の主なチャネル

ダイレクトメール

パンフレットや
案内状を送って
注文を受ける

**カタログ・
マーケティング**

印刷物やウェブ上の
カタログを使って
注文を受ける

テレマーケティング

電話を使って
コールセンターで
注文を受ける

**ウェブ・
マーケティングなど**

PCやスマホを
使ってウェブ上で
注文を受ける

**ダイレクト・マーケティングは
仲介業者を介さずに直接、消費者に
働きかけ、注文を受ける**

8 最も古くて最も新しい「人的販売」

購買プロセスの後半で最高の効果を発揮する

◉――ダイレクト・マーケティングとの共通点

「人的販売」は、営業担当者や販売員など「人」による直接のコミュニケーションです。個人に向けて直接、働きかけるという点では、前項のダイレクト・マーケティングの最古の形ともいえます。顧客の反応を、注文という形で受けられる点も同じです。

ダイレクト・マーケティングはマーケティングの最新の成果ですから、人的販売は最古にして最新のコミュニケーションといえるかもしれません。

◉――人的販売の3つの特性とは？

コトラーによれば、人的販売には「対面」「親交」「反応」の特性があります。このような特性のため、人的販売は消費者の購買プロセスの後半の段階で効果を発揮するのです。

「ＡＩＤＭＡの法則」を思い出してください（⇩Ｐ76）。単なる「興味」から「欲求」の段階に移ってもらうには、やはり**販売員などによる人的販売が欠かせません。**

「人的販売」には他と違う３つの特性がある

対面

顧客と、直接的で
双方向性のある
交流ができる

親交

取引上の関係以上の
信頼関係が築ける
ことがある

反応

対面して話をすると
簡単に断れない
気持ちになる

**このような特性があるので、
購買プロセスの後半の段階では
人的販売が効果をあげることが多い**

9 「統合型マーケティング・コミュニケーション」とは？

コミュニケーションを統合することで最大の効果をあげる

◉――これだけでよいというコミュニケーションはない

6つのコミュニケーション活動を見てきましたが、結局のところ大切なのはコミュニケーション・ミックス（⇩P182）です。これさえ行なっていればよいという、万能のコミュニケーションはありません。

このことをさらに推し進めた考え方に「統合型マーケティング・コミュニケーション」（IMC）というものがあります。**広告や販売促進、イベントと経験といったコミュニケーション活動を統合**（**インテグレーテッド＝I**）し、**最大の効果をあげる**という考え方です。「IMCの父」と呼ばれるアメリカ・ノースウェスタン大学のD・E・シュルツたちが提唱しました。

◉――コミュニケーション・チャネルの幅が広がっている

たとえば、企業が協賛するスポーツ・イベントに参加して良いイメージを持っていたところ

「統合型マーケティング・コミュニケーション」の考え方

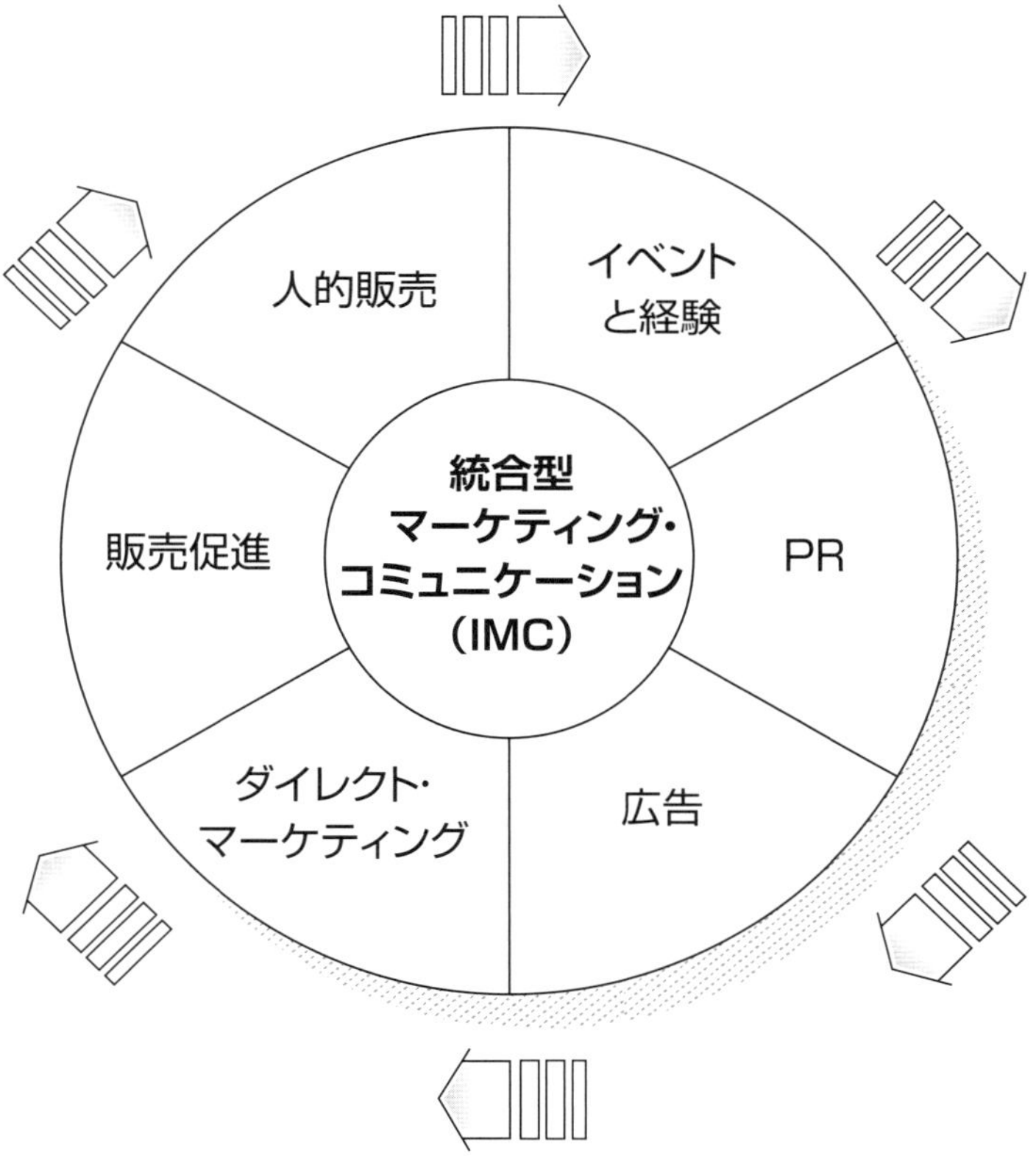

6つのコミュニケーション活動を統合して最大の効果をあげようというのが「統合型マーケティング・コミュニケーション」

に、新製品のパブリシティが出る。続いてテレビCMが大々的に流れるが、そこには「**詳しくはウェブ（web）で**」と誘導がある。そこでウェブサイトにアクセスして申し込むと、サンプルが送られてきた。サンプルで興味を持ったので店頭に行くと、販売員がていねいな説明をしてくれたので購入することにした――こんな流れでしょうか。

現在では、とくにインターネットの普及でコミュニケーション・チャネル（⇩P184）が細分化し、幅が広くなっています。そのなかで、コミュニケーションの効果を最大化しようというIMCの考え方が、より重要度を増しているのです。

エピローグ

マーケティングは「デジタル」の時代へ！

ITとインターネットを駆使する
マーケティングを知っておくことで、
これからのマーケティング戦略も
見えてくる！

1 eコマースが生んだ「eマーケティング」

インターネットのマーケティングは、今や欠かせない

◉――「eマーケティング」「ウェブ・マーケティング」とは?

現在の消費生活には、インターネットは欠かせません。商品の情報を探すのも、サービスやお店の予約も、インターネットのウェブサイトで行なうのが普通になりました。買い物はネット通販やネットスーパーで、支払いにはネットバンキングも使えます。また、BtoB（⇩巻末）の分野でも、仕入れなどにインターネットを利用した企業間取引が増えています。

このような**「eコマース」（電子商取引）は当然、「eマーケティング」（電子マーケティング）を必要とします。**「インターネット・マーケティング」、あるいは「ネット・マーケティング」「ウェブ・マーケティング」とか「オンライン・マーケティング」と呼ばれることもありますが、要するにインターネットの特徴を活用するマーケティングです。

◉――「ブリック・アンド・モルタル」から「ブリック・アンド・クリック」へ

アメリカでは、通常の営業をしていた会社がeコマースに参入すると「ブリック・アンド・

クリック」と呼ぶそうです。歴史ある会社のことを「ブリック・アンド・モルタル」（煉瓦《れんが》と漆喰《しっくい》）というので、それをもじったのだそうです。

最初からeコマースと通常営業を組み合わせてスタートする会社は「クリック・アンド・モ

「eコマース」に参入する会社のいろいろ

ピュア・クリック

通常の営業はなしで、eコマースだけで
スタートする会社

クリック・アンド・モルタル

通常の営業とeコマースの組み合わせで
スタートする会社

ブリック・アンド・クリック

通常の営業をしていてｅコマースに参入する会社

既存の仲介業者などと両立させる戦略

①ネットでは従来と違うブランドを提供する
②仲介業者に手数料の増額などで補填する
③ネットで受けた注文も仲介業者に回す

**eコマースに参入する会社にも
いろいろある**

ルタル」、eコマースだけでスタートする会社は「ピュア・クリック」だそうです。

ブリック・アンド・モルタルからブリック・アンド・クリックへ——通常のビジネスをしていた会社が、eコマースに新規参入する場合の問題は、従来の取引先や自社店舗などと競合してしまうことです。

「マーケティングの神様」P・コトラーは、このような競合を避けて、既存の仲介業者とインターネットを両立させる戦略を3つあげています（前ページ図参照）。

◉——普通のウェブとは違うスマホやSNSのマーケティング

以上はウェブサイト——「ウェブ・マーケティング」の話ですが、現在ではeマーケティングはウェブだけのものではなくなっています。「メール・マーケティング」（⇩P212）の他にも、パソコンとは違う様々な特徴を持ったスマートフォンのマーケティング、ブログやSNSなどの「ソーシャルメディア・マーケティング」（⇩P214）が求められているのです。
ちなみに、**消費者がブログやSNSなどで商品やサービスを紹介するように仕向け、商品の告知や顧客の獲得につなげる手法を**「バイラル・マーケティング」（⇩巻末）といいます。バイラルとは「ウイルス感染性の」といった意味で、情報がインフルエンザの感染のように拡散していく様子をあらわした言葉です。

２０１２年には、バイラル・マーケティングを悪用し、金銭を支払って芸能人のブログにヤラセの情報を書き込ませ、世間から「ステルス・マーケティング」（⇩巻末）と非難される事件も起きました。

インターネットのマーケティングにもいろいろある

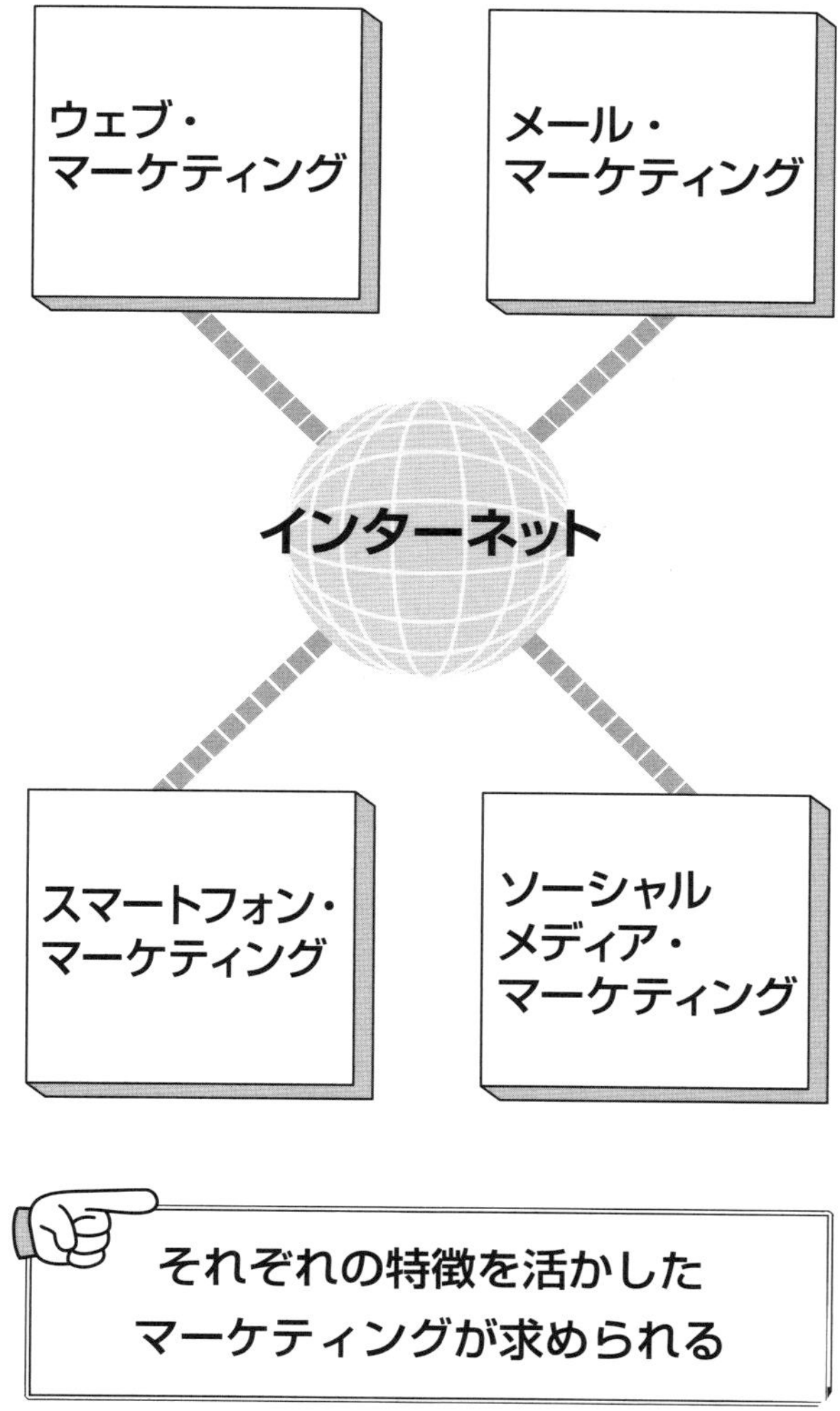

2 今や「ウェブ・マーケティング」は当たり前

ウェブページのマーケティングにはどんな特徴があるか

◉――従来とは違う「インタラクティブ・マーケティング」

ウェブなど、電子的なコミュニケーション・チャネル（⇩P184）のマーケティングは、分類すれば「インタラクティブ・マーケティング」になります。郵便など片方向のチャネルと違って、インタラクティブ（双方向性）だからです。

電子チャネルのインタラクティブ・マーケティングには、数量化しやすい、効果が測定しやすい、検索を始めた時点で広告が打てるなどのメリットがあります。

◉――ウェブ広告の種類を知っておこう

また、消費者に1種類のカタログなど画一的な媒体を送るのでなく、個別化したコンテンツを届けられるのも特徴です。そのため、ウェブページに掲載する広告には様々な工夫が加えられ、現在では左のような多彩な広告が利用できるようになっています。

ここでは**表示の形式、配信の方式、課金方式ごとにまとめました。**

ウェブ広告の主な種類

表示形式の特徴	バナー広告 （ディスプレー広告）	広告枠に画像を入れる。 クリックすると広告主の サイトに誘導される。
	テキスト広告	テキストのみで表示される。 リスティング広告やメール 広告に多い形式。
	記事広告 （タイアップ広告）	広告主とメディアが タイアップし、記事形式で 広告を掲載する。
	ネイティブ広告	広告枠でなくコンテンツの 中になじむように 表示される広告。
	動画広告	静止画像でなく動画形式の 広告。インターネットCM などともいう。
配信方式の特徴	リスティング広告 （検索連動型広告）	検索エンジンで検索をすると、 検索結果の広告枠に 配信される。
	コンテンツ連動型広告	閲覧したウェブページの 内容やユーザーの関心に 合わせて配信される。
	リマーケティング広告 （リターゲティング広告）	一度訪問した ウェブサイトの 広告が継続的に配信される。
課金方式	アフィリエイト	リンクを経由して広告主の サイトに誘導し何か成果が あると報酬が支払われる。

3 「メール・マーケティング」はメルマガだけではない

タイムリーな配信と到達性の高さを活かそう

◉――メール・マーケティングの特長とは?

メールを利用したマーケティングというと、日本ではメルマガ――「メール・マガジン」が一般的です。企業が、顧客の申込みを受けてメールで配信するもので、その名のとおり雑誌のように多彩な内容が盛り込まれます。

メルマガの特長は、たくさんあります。ただ、**顧客全員に画一的なメール・マガジンを、決まった配信日に送るというのは、メールの特性を活かした使い方とはいえません。**顧客をグループ化してグループの特性に応じた内容を、季節やキャンペーンのタイミングに合わせて送ることなどが求められるでしょう。

◉――「特定電子メール法」の規制に要注意

メール・マーケティングは「特定電子メールの送信の適正化等に関する法律」の規制を受け

る点も要注意です。送信責任者の住所など、記載必要事項が法律に定められています。

とくに、受信者に送信の事前同意をもらう「オプトイン」と、その記録の一定期間保存、いつでも配信停止ができる「オプトアウト」に関する記載は重要です。

メール・マーケティングの特長と注意点

メール・マーケティングの特長

- 低コストで配信できる
- タイムリーに配信できる
- 顧客個人への到達性が高い
- 効果が測定しやすい
- 差出人によっては認知されやすい

メール・マーケティングの注意点

- 画一的なメルマガでは差別化できない
- タイミングの悪い配信になることがある
- 法律の規制を守る必要がある

特定電子メール法の規制

・オプトインの取得
　メール送信の事前同意を得る
・オプトアウトの運用
　配信停止の URL を設置するなど

ただメールマガジンを送るだけでは
マーケティングとはいえない

4 スマホと相性がいい「ソーシャルメディア・マーケティング」

↓ "いつでもどこでも"が実現する新しいマーケティング

◉——「スマートフォン・マーケティング」が確立しつつある

インターネットに接続する端末として、急激に普及したスマートフォン（スマホ）の存在は大きなものがあります。それ以前のパソコンによる接続とは大きく違う点も多いので、「スマートフォン・マーケティング」と呼べる分野が確立しつつあるのです。

左図はパソコンとは異なる特長と活用法の例です。実際、スマートフォンの位置情報から、周辺の店舗情報などを配信する「位置情報連動型広告」などがすでに利用されています。

とくに、スマートフォンとSNS（ソーシャル・ネットワーキング・サービス）の親和性の高さは、マーケティングの手法に大きな影響を与えつつあります。

◉——「ソーシャルメディア・マーケティング」とは？

ブログやSNSなど、個人でも参加できて情報発信ができるメディアのマーケティングを「ソーシャルメディア・マーケティング」といいます。たとえば企業がSNSに「公式アカウ

スマートフォンの特長とその活用法の例

持ち歩いているので、リアルタイムで情報提供できる

GPSなどを搭載しているので、位置情報が把握できる

⇒そのとき、その場所のイベントや店舗などの
情報・広告をリアルタイムで提供

個人で所有しているので、顧客本人へ“速く、すぐ”情報が届く

ユーザーによっては、ライフログを記録している

⇒そのユーザーが必要とする情報・広告や
リコメンド情報（⇨巻末）などを提供

パソコンと同等の画像・音声・ネット接続が利用できる

⇒従来の動画広告や検索連動型広告もパソコンと
同様に提供

いつでも投稿できるなど、SNSとの“相性”が良い

⇒企業ページの開設、広告出稿など、ソーシャルメディア・
マーケティングの活用

ント」を持ち、情報発信するような例が多くなってきました。

たしかに、ＳＮＳは「口コミ・マーケティング」（⇩巻末）のメディアとしても利用でき、その情報拡散力は他にないものです。


ただ、ソーシャルメディア・マーケティングの活用には、きちんとした準備と体制づくりが欠かせません。**情報拡散力が大きいだけに、安易に情報発信をすると〝炎上〟する**こともあります。たとえば不祥事などをきっかけに、特定のサイトにアクセスする人が急激に増え、手がつけられなくなるのです。そこでは誹謗《ひぼう》中傷などのコメントが集中することもあるのです。

きちんとソーシャルメディアに対応している企業は、運用する目的を明確にし、「ソーシャルメディア・ガイドライン」を策定しているものです。

●――自社に合った活用法を考えよう

とはいえ、ソーシャルメディアは活用しにくいということではありません。

たとえばキャンペーンや新製品の告知だけと割り切る考え方もあります。場合によっては、自社や製品に対する発言を検索して、チェックするだけでも役に立つケースがあるでしょう。

こうした使い方なら、〝炎上〟の恐れもまずないはずです。流行を追わず、自社に合った活用のしかたを考えましょう。

SNSのいろいろな活用例

ユーザーの発言を読むだけから
公式アカウントからの情報発信まで、
いろいろな段階の活用が考えられる

5 ネット通販から生まれた「ロングテール」とは？

ＩＴを駆使した在庫管理が可能にした新しいビジネスモデル

◉――従来の販売業では20％の品目が80％の売上げをあげる

インターネットはまた、従来にない、多種多様なビジネスモデルを生み出しています。たとえば「ロングテール」。ネット通販で利益があがるビジネスモデル、現象のことです。

従来、商品の在庫品目と売上げの関係には「20対80の法則」（⇩巻末）という定説があり、上位20％の品目が80％の売上げをあげるというのがビジネスの常識となっていました。

◉――ネット通販では〝長いしっぽ〟が大きな売上げをあげる

ところが、アマゾンのような大手ネット通販では、従来の小売業よりケタ違いに多数の品目を扱うために違う現象があらわれます。売上げ下位の品目も、品目数が膨大にあるために合計すると売上高として無視できない金額になるのです。

このことを発見し、ネット通販のビジネスモデルを明らかにしたのが、アメリカの雑誌編集長だった**Ｃ・アンダーソン**。そのキーワードが「ロングテール」だったのです。

長く伸びる「ロングテール」とは？

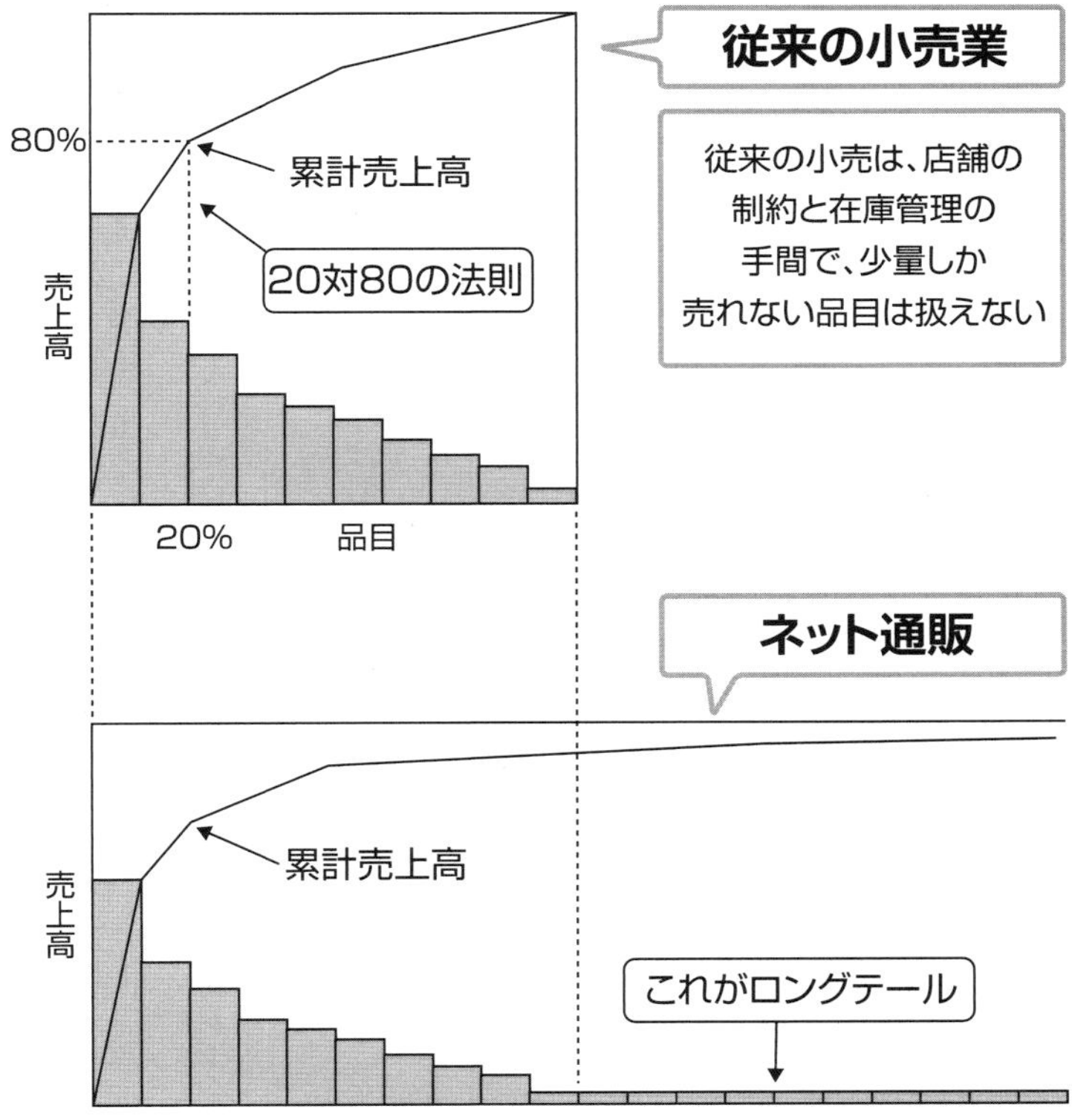

ネット通販は、無店舗販売とITを駆使した在庫管理・物流で、少量しか売れない品目も扱えるようにした

6 無料の価格戦略「フリーミアム」のビジネスモデル

「フリー」でユーザーを増やし「プレミアム」で収益をあげる

◉――プレーは無料、アイテムは割増料金

C・アンダーソンはもうひとつ、今ではあちこちで見られるようになったビジネスモデルを紹介しています。その名は「フリーミアム」。サービスの価格について「フリー（無料）」と、「プレミアム（割増料金）」を組み合わせた造語です。

たとえば、オンラインゲームの会員になってプレーするのは無料、ただしゲームをより楽しむためのアイテムは割増料金、といった価格設定をします。

◉――まず、無料で顧客を増やす

以前は、無料のサービスは広告収入に頼るのが一般的なビジネスモデルでした。

これに対してフリーミアムは、まず無料を〝売り〟に多数の顧客を獲得し、その顧客に割増料金のサービスを提供して収益とします。今日では、**ネット上のサービスの半分くらいで、このフリーミアムのモデルが採用されている**といわれます。

無料なのに割増料金の「フリーミアム」とは？

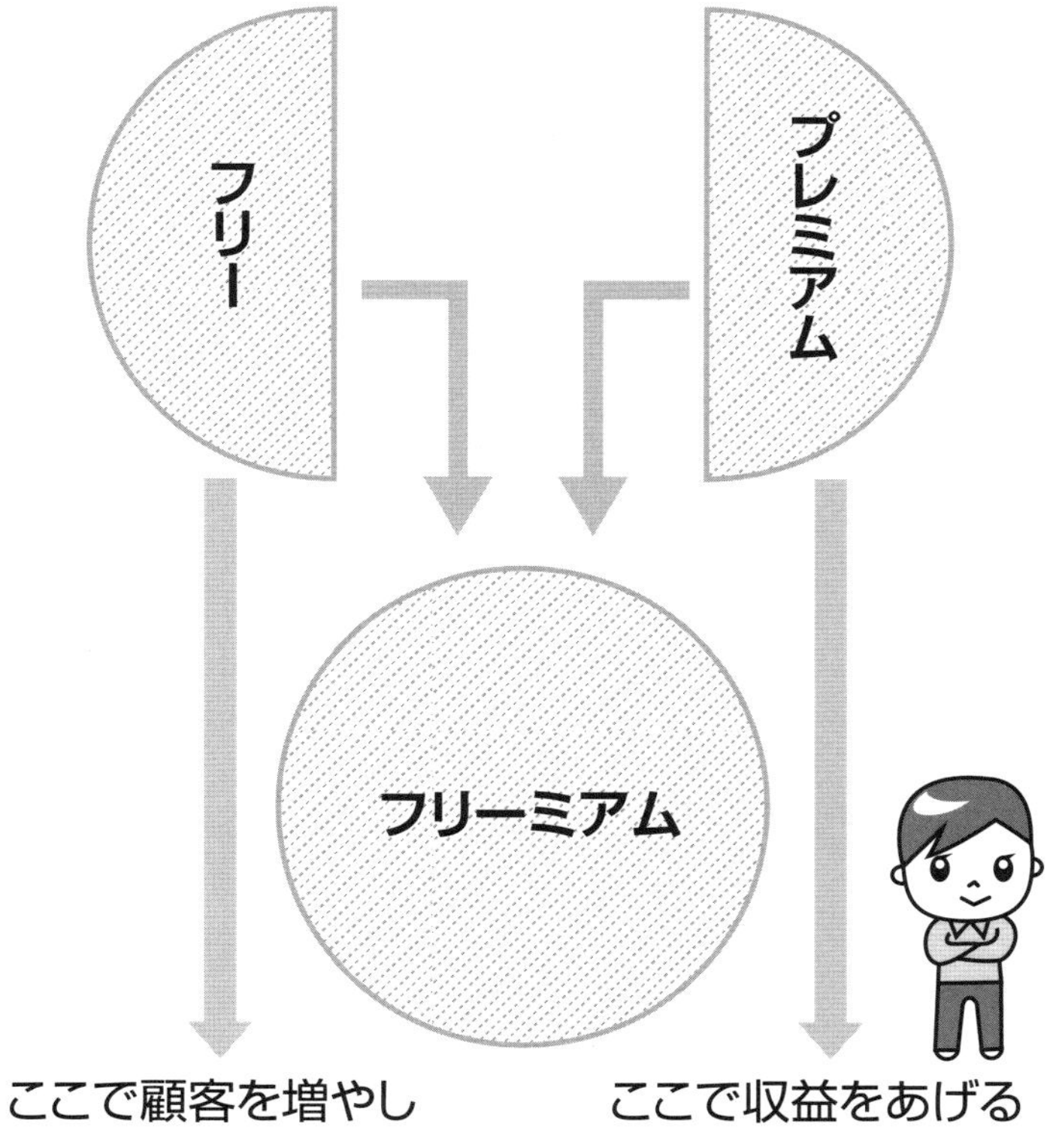

**ネット上のサービスに向いた
ビジネスモデルなので、現在では
多くの企業に採用されている**

7 注目が集まる「ビッグデータ」とはどんなデータ？

〝つぶやき〟からPOSまで種類は多種多様！

◉——大きくて、種類が多く、日々記録される

２０００年代に入ってよく聞かれるようになった言葉が、「ビッグデータ」です。左は、情報通信白書にあげられた例。たしかにどれもビッグ——膨大な量のデータがあります。しかもある程度身近で、データの形式が多種多様です。たとえばＳＮＳでは、世界中のユーザーが様々なことを書き込みます。個人的な〝つぶやき〟もあれば、重要な情報もあります。

また企業では各支店などがＰＯＳシステムでつながり、このデータも膨大な量です。ビッグデータはデータ量が大きく、種類が多く、しかも日々生まれて記録されるものなのです。

◉——ビッグデータをマーケティングに活かす

こうしたデータは、いずれもＩＴ技術の進歩で収集・分析が可能になってきたものです。たとえばネット通販大手のアマゾンでは、自社のビッグデータの解析から、「おすすめ商品」の精度を上げて購買につなげています。まさに**「ビッグデータ・マーケティング」**なのです。

「ビッグデータ」とはどんなデータか？

ソーシャルメディア・データ
ユーザーが書き込んだプロフィールやコメントなど

マルチメディア・データ
配信サイトなどから配信される音声や動画など

ウェブサイトデータ
通販サイトの購入履歴やブログのエントリー情報など

カスタマーデータ
CRMシステム（➡P72）の顧客データ、販促データなど

ビッグデータ

センサーデータ
GPSの位置情報やICカードの乗車履歴など

オフィスデータ
オフィスのパソコンで作成された文書、メールなど

ログデータ
サーバーで自動的に記録されたアクセスログ、エラーログなど

オペレーションデータ
販売管理システムなどの業務用システムで作成されたPOSデータなど

（総務省「平成24年版情報通信白書」より作成　www.soumu.go.jp）

これらの膨大なデータを使うことでマーケティングに活かせる

8 多様化する消費者に届ける「コンテンツ・マーケティング」

↓近年求められているのは、小手先の手法より本当に価値あるコンテンツ

◉――顧客にとって価値あるコンテンツを提供し続ける

新しいマーケティングの手法が登場すると、その手法の名前を冠して「○○マーケティング」と呼ばれるのが常ですが、近年よく耳にするのが「コンテンツ・マーケティング」です。

これは、**顧客や見込み客に対し、その人にとって価値のある「コンテンツ」を提供し続ける**というもの。コンテンツは自社のウェブサイトなどで提供され、ブログやソーシャルメディア、動画やPDFなど形式はいろいろです。

一見、遠回りなコミュニケーションに思えますが、結果的に売上げにつながります。

コンテンツの発信という点では、これも数年前からいわれている「インバウンド・マーケティング」と似ていますが、顧客がサイトを訪問した後の対応が少し違います。

◉――検索エンジンは改良を重ねている

コンテンツ・マーケティングの背景のひとつには、検索エンジン・グーグルのアルゴリズム

改良があるともいわれます。

改良の結果、ＳＥＯの手法で検索上位になっていたものでも、質の悪いコンテンツは検索上位から外れるようになり、本当に価値あるコンテンツが求められているというわけです。

「コンテンツ・マーケティング」を理解するための用語

●コンテンツ
映像や音楽のことをいうことが多いが、ここでは本来の意味である内容のこと。顧客や見込み客にとって価値のある情報なら、形式は問わない。

●インバウンド・マーケティング
コンテンツ・マーケティングではコンテンツを提供し続けるのに対し、インバウンド・マーケティングではメルマガなどで企業からアプローチをする。

●グーグルのアルゴリズム
アルゴリズムは基準や手順、考え方のこと。グーグルでは、検索結果を表示するアルゴリズムの改良を続けている。

●SEO Search Engine Optimization
検索エンジン最適化の意味。情報を見つけてもらいやすくするために、ウェブページに講じる対策。検索上位に表示されやすくする手法もある。

インターネット・マーケティングでは、新しい「○○マーケティング」が次々に生まれている

9 ウェブ・マーケティングから「デジタル・マーケティング」へ

⬇すべてのチャネルはデジタルによってまとめられる

◉——今や、あらゆるメディア、データが「デジタル」の時代

最近ではネット・マーケティングやウェブ・マーケティングに代わって「デジタル・マーケティング」という言葉が使われることが多くなりました。単にデジタルのコミュニケーション・ツールが増えたからというより、デジタルデータを使ってマスメディアや、場合によってはIoT（⇩巻末）まで包括的なミックスを考えようということです。

たしかに現在では、地上波のテレビもデジタル。新聞の電子版もあります。デジタルデータとして扱えば、あらゆるチャネルをミックスしたマーケティングが可能でしょう。

◉——マーケティングも3・0、4・0へ

このように、マーケティングは時々刻々、未来に向かって進んでいます。「マーケティングの神様」P・コトラーも、「マーケティング3・0」「マーケティング4・0」（⇩巻末）を提唱しているくらいです。ちなみに、この本では主に2・0の内容を扱っています。

すべてのチャネルを「デジタル」でミックスする

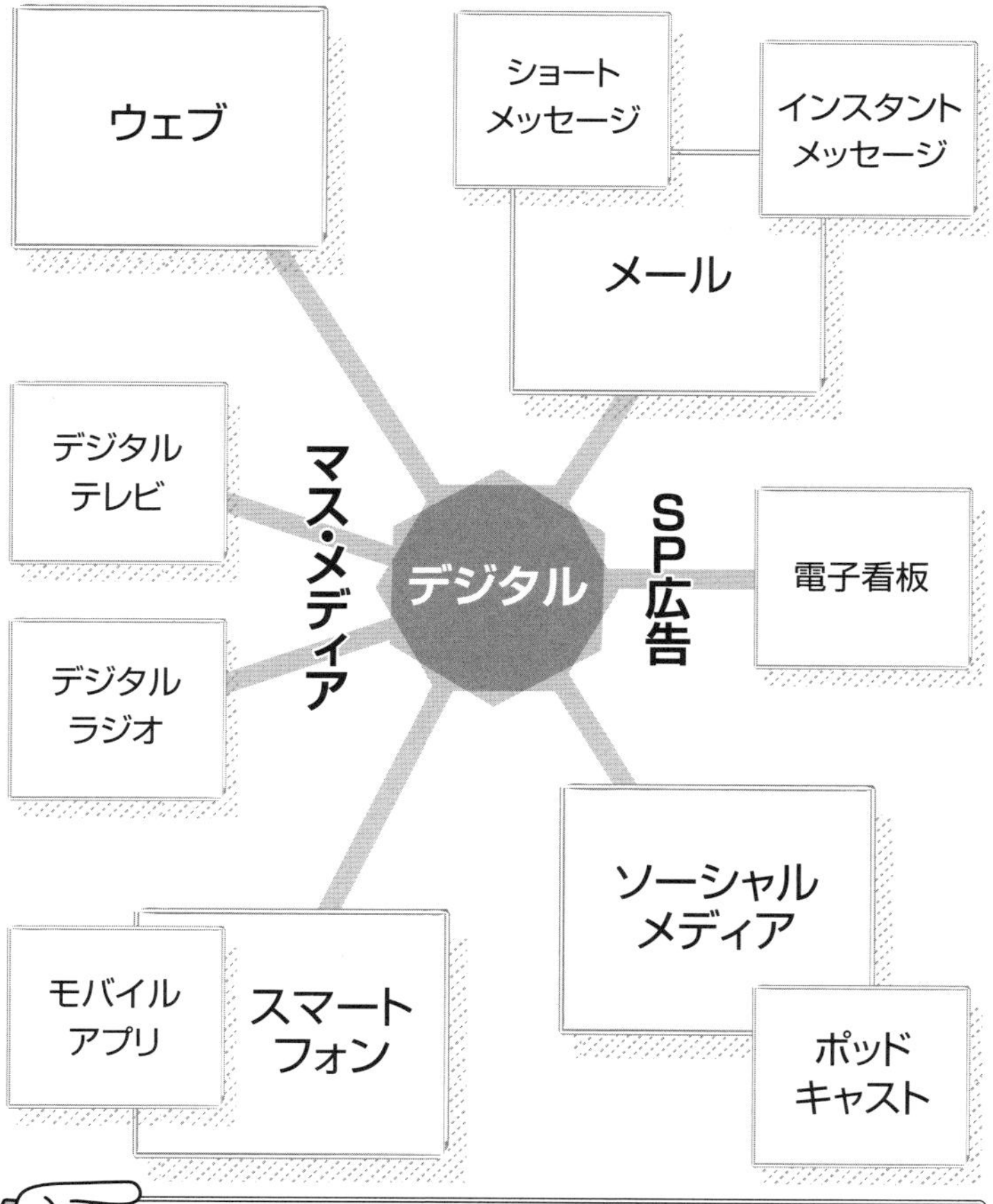

場合によってはCRM（➡P72）や
IoTも含めてミックスする

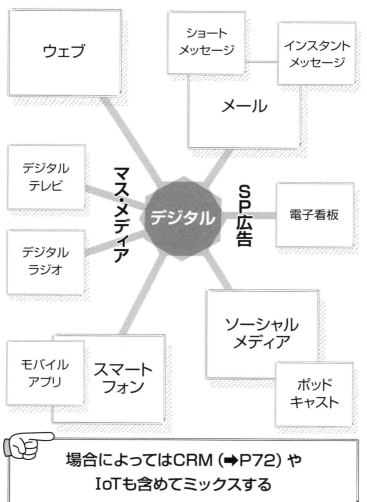

しかし、マーケティングが４・０に進化したからといって、２・０の内容が無用になるわけではありません。マーケティング４・０もデジタル・マーケティングも、それ以前の２・０や１・０を基本としているからです。

基本を押さえないままでは、マーケティングの最先端に進むこともできません。この本を読んでいただいたことで、その基本（と常識）は押さえられたはずです。

ジャパン・マーケティング研究会
マーケッター＆フリーライター・**大山秀一**を中心に、マーケティングの歴史から最新のマーケティング理論、中小零細企業に合った実践的マーケティングまで幅広く研究するグループ。メンバーはマーケッターをはじめ、企画マン、営業マン、経営者など多岐にわたる。本書は2003年に発刊されロングセラーとなって売れ続けてきたものに、大幅な加筆修正を加えた。「営業」「マーケティング」などに携わる人のバイブルである。

これだけは知っておきたい「マーケティング」の基本と常識【改訂版】

2016年４月２日　　初版発行
2025年４月18日　　７刷発行

著　者　大山秀一
発行者　太田　宏
発行所　フォレスト出版株式会社
〒162-0824 東京都新宿区揚場町２-18　白宝ビル7F
電話　03-5229-5750（営業）
03-5229-5757（編集）
URL　http://www.forestpub.co.jp

印刷・製本　萩原印刷株式会社

ISBN978-4-89451-705-9　Printed in Japan

欧文索引&用語解説

[0～5]

0段階チャネル……170
1次データ……126
1段階チャネル……170
20対80の法則……218
一部の要素が、全体に対して大きな意味や役割を持っているという法則。たとえば「製品の品目の20%が、売上の80%をあげている」「仕事に費やした時間の20%が、成果の80%を生み出している」などの例があげられる。発見者の名から「パレートの法則」とも。
2次データ……126
2段階チャネル……170
3段階チャネル……171
3つの基本戦略……120
4C……42
Customer Solution, Customer Cost, Convenience, Communication
4P／4つのP……40
Product, Price, Place, Promotion
5つのM……186
Mission, Money, Message, Media, Measurement
5つの脅威……100

[A]

A.H.マズロー（1908-1970）……60
アメリカの心理学者。「人間性心理学」を提唱した。
AIDAモデル……76
AIDMA……74
Attention, Interest, Desire, Memory, Action
AIDMAの法則／AIDMAモデル……76
AISASモデル……76
日本の電通などが発表したネット上の購買行動プロセス。Attention、Interestの後、Search（検索）を行ない、欲しいと思ったら即注文する（Action）。商品が届いたら、SNSなどで他の消費者と情報をShare（共有）する。

[B・C・D]

BTO……178
BtoB……206
ビジネスtoビジネスの意味で、企業間取引のこと。消費者はCであらわし、ネット通販などはBtoC、ネットオークションなどはCtoCになる。
C.アンダーソン（1961-）……218,220
CRM……72
Customer Relationship Management
CS……72
Customer Satisfaction
D.E.シュルツ（1934-）……202

[E・F・H]

E.J.マッカーシー（1928-）……42,128

アメリカの政治家・学者。主著に『ベーシック・マーケティング』。マーケティングの4Pは、ときに「マッカーシーの4P」とも呼ばれる。ちなみに、4Pは「よんピー」とか「フォーピーズ」と読む。
E.K.ストロング……76
E.M.ロジャース（1931-2004）……142
eコマース……206
eマーケティング……206
F.W.ランチェスター（1868-1946）……122
H.I.アンゾフ（1918-2002）……112
「戦略経営の父」と呼ばれたアメリカの経営学者。「戦略」はもともと軍事用語で、これを企業経営にあてはめて体系的に理論を整備した。

[I・M・P]

IMC……202
Integrated marketing Communication
IoT……226
Internet of Things、モノのインターネット。PCやスマホだけでなく、家電や自動車、その他さまざまな装置・設備（モノ）をインターネットで接続し、センサーで状態を知ったり、遠隔で操作することなどを可能にする技術。
M.T.コープランド……136
M.ポーター（1947-）……100,120
戦略経営の第一人者。著書『競争の戦略』『競争優位の戦略』により、経営学における戦略研究の分野を確立した。5つの競争要因をあげた「業界構造5大要因モデル」が有名。
P.F.ドラッカー（1909-2005）…45
P.コトラー（1931-）……64,78,124,128,132,208,226
「近代マーケティングの父」とも称される、マーケティングの世界的権威。主著『マーケティング・マネジメント』のほか『マーケティング・コンセプト』など著書多数。
POP広告……192
Point Of Purchase（購買時点）広告。店舗内の広告全般のこと。店舗の案内から、売り場・商品の表示・説明までさまざまなものがある。
PPM……109
Product Portfolio Management
PR……182,196
Public Relations

[Q・R・S]

QSP……71
Quality, Service, Price
R.F.ラウターボーン……42
S.R.ホール……76
SCM……178
Supply Chain Management
SEO……225
Search Engine Optimization
SP……190
Sales Promotion
SP広告……190
STP……49
Segmentation, Targeting, Positioning
SWOT分析……118

[T・V]

T.レビット……68
VMS……176
Vertical Marketing System

50音索引＆用語解説

[ア・イ・ウ]

アフィリエイト……………………211
安全の欲求…………………………62
アンゾフのマトリクス……………112
位置情報連動型広告………………214
イノベーションのベルカーブ……142
イベント……………………………194
イベントと経験………………180,194
インセンティブ……………………193
インターネット・マーケティング……………………206
インタラクティブ・マーケティング……………………210
インバウンド・マーケティング…224
ウェブ・マーケティング……199,206
ウォンツ……………………………64
売上割戻金…………………………166
売り手の交渉力の脅威……………101
上澄み吸収価格設定………………168

[エ・オ]

エブリデイ・ロー・プライシング……………………156
炎上…………………………………216
オークション価格設定……………156
オープン価格／オープンプライス……………………164
屋外広告……………………………190
オピニオン・リーダー……………80

ある分野の情報に詳しく、周囲の人の購買行動に大きな影響力を持つ人のこと。購入する商品について相談したり、ときには代わりに選択してもらうことで、消費者の購買行動に影響を与える。

オプトアウト／オプトイン………213
折り込み広告／折り込みチラシ…190
オンライン・マーケティング……206

[カ]

買い手の競争力の脅威……………101
街頭配布……………………………190
外部環境分析…………………46,116
開放的流通チャネル………………175
買回品………………………………136
価格…………………………………154
価格カルテル………………………166
価格弾力性／価格弾性……………162
価格適合……………………………158
価格ライン…………………………161
価格割引……………………………158
カスタマー・サティスファクション……………………72
カスタマー・リレーションシップ・マネジメント……………………72
カスタマリゼーション………………88
カタログ・マーケティング………199
金のなる木…………………………110
観察調査……………………………127
感性消費……………………………84

商品などを選ぶときに、品質やサービス、価格が「良いか悪いか」でなく、その商品を「好きか嫌いか」で選ぶ傾向。良いか悪いかで選ぶことは「理性消費」と呼ぶ。

慣習価格……………………………161

冠イベント……194
管理型VMS……176

[キ・ク]

機会……116
企業型VMS……176
記事広告……211
技術革新……142
帰属の欲求……62
期待製品……134
希望小売価格……164
基本製品……134
キャズム……142
キャッシュバック……159,193
キャプティブ製品価格設定……158
キャラクターズ・ブランド……92
脅威……116
業界内の競合他社の脅威……101
競争重視……154
クーポン……192
口コミ・マーケティング……216
個人から個人への情報伝播を利用して販売促進をはかるマーケティング手法。もともとの口コミは知人を通した情報伝播だが、現在ではウェブを利用して、それに近い効果を生み出す手法もさす。たとえば「口コミサイト」や「カスタマーレビュー」などもその例。
クリエイティブ戦略……182
クリック・アンド・モルタル……207
クロスSWOT分析……118

[ケ・コ]

経営戦略……56,108
経験……194
景表法……166
契約型VMS……176
系列化……176
現行レート価格設定……156
検索連動型広告……211
コーポレート・コミュニケーション……196
コーポレート・ブランド……94
広告媒体……186
広告メディア……186
交通広告……192
行動データ……127
広報……196
後方統合……114
顧客価値の３本柱……70
顧客関係管理……72
顧客満足……72
個人的要因……78
コスト重視……154
コトラー……82,86,88,91,102,130,134,168,200
戸別配布……190
コミュニケーション……42
コミュニケーション・チャネル……184
コミュニケーション・ミックス……182
コングロマリット的多角化戦略……115
コンテスト……192
コンテンツ……224
コンテンツ・マーケティング……224
コンテンツ連動型広告……211

[サ]

サービス……138
サービス・パブリシティ……197
サービス・ミックス……134
サーベイ調査……127
サイコグラフィック特性……78
材料・部品……138
雑誌……188
サプライ・チェーン・マネジメント……178

差別化……121
差別価格……161
差別化戦略……90,118
差別型価格設定……158
サンプリング……126
サンプル……192

[シ・ス]

事業経済性の分析……140
事業の目的／事業の目標……56
事業ブランド……94
自己実現の欲求……62
市場開拓戦略……112
市場細分化……48,82
市場浸透価格設定……168
市場浸透戦略……112
市場専門化……88
市場戦略……108
市場調査……46
実験調査……127
私的独占の禁止及び公正取引の確保に関する法律……167
資本財……138
社会的要因……78
車体広告……192
社内記録……124
集中……88,121
集中的成長……114
需要重視……154
準拠集団……80
消費財……138
情報型アピール……182
食品表示法……146
新規参入の脅威……101
人口統計学的特性……78
人的コミュニケーション・チャネル……184
人的販売……182,200
心理学的特性……78
垂直的マーケティング・システム……176
衰退期……150
水平的多角化戦略……115
水平的マーケティング・システム……178
水平統合……114
スタンプサービス……193
ステルス・マーケティング……209

レーダーに映りにくく、こっそり忍び寄るステルス戦闘機のように、こっそり行なわれる広告宣伝。アルバイトを雇って店の前に行列をつくらせ、テレビで放送させたりする。ネット上では広告の表記なしに、ニュース記事の体裁を装って商品やサービスに高い評価を与えたりする例がある。景表法違反の可能性もある、悪質な行為なので行なってはいけない。「ステマ」と略すことも。

スマートフォン・マーケティング……214

[セ・ソ]

セールス・プロモーション……180,190,192
生産財……138
生産志向……36
成熟期……150
成長期……150
成長戦略……114
製品……132
製品開発戦略……112
製品群ブランド……94
製品志向……36
製品専門化……88
製品戦略……132
製品と市場の領域分類……112
製品の種類……132

製品パブリシティ……………………196
製品バンドル………………………159
製品ブランド………………………95
製品ミックス価格設定………………158
製品レベル…………………………134
生理的欲求…………………………62
セグメンテーション…………………48
セグメント…………………………82
セグメント・マーケティング…………86
積極的攻勢戦略……………………118
セリング……………………………44
潜在製品……………………………134
専守防衛または撤退戦略……………118
全体的コスト・リーダーシップ……121
選択的専門化………………………88
選択的流通チャネル…………………175
前方統合……………………………114
専門品………………………………138
ソーシャルメディア・マーケティング
……………………………………214
ソーシャルメディア・ガイドライン
……………………………………216
ソリューション………………………42
問題を解決することやもの。「ソリューション・ビジネス」と言った場合、商品やサービスを売り込むのでなく、顧客が抱える問題の解決方法を提案し、その解決に役立つ商品やサービスを提供するビジネスモデルをさす。
尊重の欲求…………………………62

[タ・チ・ツ]

ターゲット・マーケット……………48
ターゲット市場………………………48
ターゲットリターン価格設定………156
ターゲティング……………………48,88
第１次準拠集団………………………80
第２次準拠集団………………………80
タイアップ広告……………………211
耐久財………………………………138
代替品の脅威………………………101
ダイレクト・マーケティング 182,198
ダイレクトハンド……………………190
ダイレクトメール……………190,199
多角的成長…………………………114
段階的施策戦略……………………118
地域マーケティング…………………86
知覚価値価格設定……………………156
チャネル……………………………170
チャネル・キャプテン………………176
中核ベネフィット……………………134
地理的価格設定………………………158
強み…………………………………116
吊り革広告…………………………192

[テ・ト]

ディスカウント……………………164
ディスプレー広告……………………211
ディスプレー媒体……………………189
テキスト広告………………………211
デザイナーズ・ブランド………………92
デジタル・マーケティング…………226
デジタルサイネージ…………………192
テスト・マーケティング……………140
デマンズ……………………………64
デモグラフィック特性………………78
テレマーケティング…………………199
電子商取引…………………………206
電子媒体……………………………188
電子マーケティング…………………206
店頭ディスプレー……………………193
店頭配布……………………………190
ドア横広告…………………………192
動画広告……………………………211
統合型マーケティング・コミュニケーション……………………202
統合的成長…………………………114

同心円的多角化戦略……115
導入期……148
独占禁止法……166
特定電子メール法／特定電子メールの送信の適正化等に関する法律……212
トレンド……130

[ナ・ニ・ネ・ノ]

内部環境分析……46,116
中吊り広告……192
ナショナル・ブランド……92
ニーズ……64
ニッチ・マーケティング……86
ニュース・パブリシティ……197
ネイティブ広告……211
ネット・マーケティング……206
ネットワーク媒体……189
ノーブランド……92
ノベルティー……193
ノンパーソナル・コミュニケーション・チャネル……184

[ハ・ヒ]

パーソナル・コミュニケーション・チャネル……184
媒体……186
排他的流通チャネル……175
バイラル・マーケティング……208

商品やサービスを利用した消費者が、次々に知人に紹介するよう仕向けるマーケティング手法。「バイラル」は「ウイルス性の」といった意味で、インターネットを使った場合、ウイルス感染のように短時間で爆発的に広まることから名付けられている。通販サイトの「友達にすすめる」機能などもその例だが、有名人に報酬を支払ってブログで紹介させる手法などは、むしろステルス・マーケティングといえる。

バウチャー……192
端数価格……160
パッケージング……144
バナー広告……211
花形製品……110
パブリシティ……196
パブリック・リレーションズ……196
パブリック・リレーションズおよびパブリシティ……182
バリュー価格設定……156
販促型価格設定……158
バンドルセール……158
販売志向……36
販売奨励金……166
販売促進……180,190
非人的コミュニケーション・チャネル……184
非耐久財……138
ビッグデータ／ビッグデータ・マーケティング……222
備品・サービス……138
ピュア・クリック……208
標的市場……88

[フ]

ファイブ・フォース分析……100
ファイブ・フォース・モデル……100
ファッド……130
ファミリー・ブランド……94
フォーカス・グループ調査……127
プッシュ戦略……32
不当景品類及び不当表示防止法……167
プライベート・ブランド……92
ブランディング……96
ブランド……92,96
ブランド・エクイティー……97

ブランドが持つ正味の資産的な価値。ブランド・ロイヤルティーや、ブランドに対する認知、顧客がブランドに感じている品質やイメージなどの要素で構成される。
ブランド・ロイヤルティー…………96
ある消費者が特定のブランドを愛好し、忠誠を誓ったかのように継続的に購入する心理。ブランド・ロイヤルティーが高まると、継続買い、指名買いが増え、企業は独占的な市場を得ることができる。
ブランド戦略…………………………96
フリーペーパー……………………192
フリーマガジン……………………192
フリーミアム………………………220
ブリック・アンド・クリック……206
フル・カバレッジ……………………88
プル戦略………………………………32
プレス・カンファレンス…………196
プレス・リリース…………………196
プレミアム…………………………192
プロダクト・ポートフォリオ・マネジメント…………………………109
プロモーション・ミックス………182
プロモーション戦略………………180
文化的要因……………………………78

[ヘ・ホ]

ベネフィット…………………………68
変容型アピール……………………182
情報型アピールがベネフィットをアピールするのに対し、変容型アピールは製品と関係のないベネフィットや、イメージをアピールする。たとえば日用品などは、情報型アピールで他と差別化することがむずかしいため、育児用品や洗剤、消臭スプレーなどで「ママ」のイメージをアピールする例が多い。
ポイントカード……………………193
報奨金………………………………192
膨張製品……………………………134
ポジショニング………………48,90

[マ]

マークアップ価格設定……………156
マーケット……………………………38
マーケット・セグメンテーション‥82
マーケット・チャレンジャー……102
マーケット・ニッチャー…………102
マーケット・フォロワー…………102
マーケット・リーダー……………102
マーケティング………………………38
マーケティング・インテリジェンス活動……………………………………124
マーケティング・コミュニケーション……………………………………180
マーケティング・チャネル………170
マーケティング・マネジメント・プロセス………………………………56
マーケティング・ミックス…………50
マーケティング・リサーチ…………………………………46,124,126
マーケティング・リサーチは6段階の手順で行なう。まず「調査目的」を明確にし、「調査計画」を立案する。調査を実施して「情報収集」を行ない、「情報分析」を進める。それを「調査結果」にまとめ、戦略の決定権者が「意思決定」をする。
マーケティング3.0／4.0…………226
P.コトラーが提唱した現代マーケティングの概念。コトラーによると、マーケティングの進歩は次のようにまとめられる。マーケティング1.0「製品中心」、2.0「消費者志向」、3.0「価値主導」、4.0「自己実現」。

これまでのマーケティングが製品を売ること、消費者を満足させることを目的としたのに対し、3.0は「世界をよりよい場所にする」、4.0では「自己実現の欲求を充足させる」ことを目指す。
マーケティング志向……34
マーケティング情報システム……124
マーケティング戦略……54
マーケティングの4C……42
マーケティングの4P……40
マーケティング目標……56
マクロ環境……128
負け犬……110
マス・マーケティング……86
マスコミ4媒体……189
マズローの法則……60
窓上広告……192

[ミ・メ・モ]

ミクロ・マーケティング……86
ミクロ環境……128
メール・マガジン……212
名声価格……160
目玉商品……158
メッセージ戦略……182
メッセージの発信源……182
メディア……186
メディア・ミックス……186
最寄品……136
問題児……110

[ユ・ヨ]

有形財……134
弱み……116

[ラ・リ・ロ・ワ]

ライフサイクル……148
ライフスタイル……84
ライフスタイル分析……84
消費者の生活構造、生活意識、生活行動などの違いから、調査の対象を分類していくつかのタイプを設定する。各タイプごとに商品やサービスを開発したり、特定のタイプをターゲットにしたマーケティングを展開する。
ライフステージ……84
ラベリング……146
ランチェスターの法則……122
リコメンド……215
顧客の好みを分析して、「おすすめ」の情報を提供するサービス。消費者は欲しい情報に手早くアクセスできる可能性が高まり、提供側は顧客の購買率を高められるので、ネット通販などで一般的になりつつある。
リスティング広告……211
リターゲティング広告……211
リベート……166,192
利便性……42
リマーケティング広告……211
流通チャネル……170
ロゴ・マーク……146
ロスリーダー価格設定……158
ロングテール……218
ワン・トゥ・ワン・マーケティング……86